U0937324

诗书趁年华

汪国真题

令倩◎著

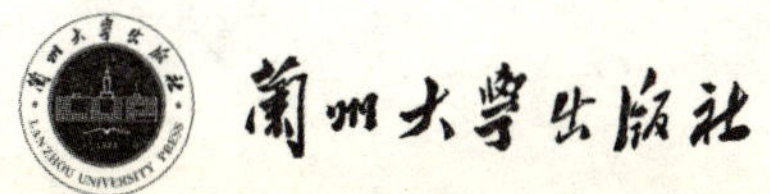

图书在版编目(CIP)数据

诗书趁年华 / 令倩著. —兰州:兰州大学出版社,
2012.12

ISBN 978-7-311-04011-6

Ⅰ.①诗… Ⅱ.①令… Ⅲ.①随笔—作品集—中国—
当代 Ⅳ.①I267.1

中国版本图书馆 CIP 数据核字(2012)第 288396 号

责任编辑 郝可伟
封面设计 令 倩
封面题字 汪国真

书　　名 诗书趁年华
作　　者 令 倩 著
出版发行 兰州大学出版社 (地址:兰州市天水南路 222 号 730000)
电　　话 0931-8912613(总编办公室) 0931-8617156(营销中心)
0931-8914298(读者服务部)
网　　址 http://www.onbook.com.cn
电子信箱 press@lzu.edu.cn
印　　刷 兰州大众彩印包装有限责任公司
开　　本 710 mm×1020 mm 1/16
印　　张 12.875(插页 4)
字　　数 158 千
版　　次 2012 年 12 月第 1 版
印　　次 2013 年 6 月第 2 次印刷
书　　号 ISBN 978-7-311-04011-6
定　　价 36.00 元

2010 年国庆，恰逢中国人民大学法学院成立 60 周年。院庆晚会在如论讲堂举行，我还为孙国华教授献了花。结束时留影，铭记“光荣与梦想”。

2010 年上海世博会，某个没有被人挤得水泄不通的小馆里，有着它对自己文明的美丽诉说。

去中山陵那天，天气很热，我拿着一把刻着“天下为公”和“博爱”的扇子，遥指音乐台。

2011年夏天，我们的大学生创新实验计划项目——“新生代农民工的法律诉求和维权意识”在吉林长春开展了调研，离开长春前，我们一行去了净月潭，景色很美，骑单车很舒服。

2010年4月，春寒料峭，我和几个好友一起去天津塘沽，那天风有些大。

2011 年夏，我和妈妈带领快乐之队一起驱车青海，终于见到了中国最大的咸水湖，像是无意间扑进一幅巨大的画卷，惊艳无比。

2010 年春假，我跟着室友万悦回家。那是至今都难忘的一次旅行，叔叔阿姨的热情款待，美不胜收的金陵美景，珍珠泉便是其中一站，度假旅游的胜地。

2010 年的天津之行，是我第一次没有和爸爸妈妈一起出行,也许正是长大的开始吧。

2010 年 10 月 22 日，和好友的香山之行。香山并不高，但登顶后还是要留下纪念。

2010 年国庆，和无敌一班的同学们聚了聚，逛了逛清华、北大，每次站在未名湖畔都免不了留念的，那是年少时的梦。

2010 年 4 月 18 日，又心姐姐介绍我去拍一个 MV《All I want is you》，是为清华大学的聚点咖啡拍摄广告。我出演了人生中的第一次女主角。

2009 年的夏天，是我人生中最重要的转折点。那时的我意气风发，踏上北京的求学之路，没有怯懦，只有越来越笃定的自己。

2010 年 5 月，南京狮子山阅江楼上，远眺古城风貌，一览万里长江。

序

我是一个公共课教师，在每年的“思想道德修养与法律基础”课的课堂上，我都要给500名左右的学生讲课。在教过的学生中，能记住名字的是少数，几年过去，还能留下印象的学生就更少了！在这屈指可数的印象深刻的学生中，令倩便是一个。

还清楚地记得，在2009年秋季的那个学期，在中国人民大学教三楼3106的教室里，一个看上去秀气娇小的女孩总是坐在第二排第一个位置，乌黑的短发、灵动的眼睛、专注的神情、若隐若现的酒窝。和大多数人大的学子一样，这是一个凭着自身的刻苦攻读和优异的高考成绩考入名牌大学、进入名牌专业的学生；这是一个在原来的中学里出类拔萃，集父母、师长、亲朋好友万千宠爱于一身，内心之中有着隐隐的骄傲的学生；同时，这也是一个刚刚来到强手如林的大学校园中多多少少有些失落和不知所措，迫切需要重新证明自己的实力、找回自己的信心的学生……

需要从头做起的事情太多了！这其中就包括大学的必修课“思想道德修养与法律基础”课布置的社会实践任务：对当前大学生面临的压力状况进行调研，包括学习压力、经济压力、情感压力和就业压力。令倩所在的法学院2班承担的是关于就业压力的调研。经过同学们自主推选，令倩成为问卷组的组长，负责带领组员们设计问卷、实地调查、统计数据、分析问卷，并写出问卷调研的分析报告。

当时，我给了他们半个月左右的时间来设计问卷，并要求他们设计完后一定要把问卷初稿发给我，经过反复讨论、修改后方可将问卷定稿，然后再进入实地调研程序。很快，10多天过去了，在我已经给学习压力、情感压力和经济压力三份问卷修改过多次之后，就业压力的问卷却迟迟没有给我。等我终于忍不住把他们班的总负责人史册和问卷组的组长令倩叫过来询问时，我看到这两个女孩子的眼中有掩饰不住的喜悦，她们特别骄傲地告诉我："老师，我们不仅已经设计完问卷，而且已经印刷了500份、选择了4所学校调研完了，而且调研数据都统计出来了，而且一份问卷调研的报告马上就要出炉了！"

OMG！我当时的感觉，绝不是她们期待的喜，而是惊！是的，我被她们如此之快的调研速度震惊了！我一边飞快地看着她们交给我的问卷及相关记录，一边在心里暗暗祈祷：希望设计的问卷严谨规范，希望选取的调研对象合适全面，希望……一句话，希望学生们已经进行的工作千万不要白费！但是仔细看下来，发现问题不少，尤其是问卷内容偏离了就业压力的主题，给人感觉在调研就业倾向；而且，选择的调研对象（中国人民大学、清华大学、中国矿业大学、中国科技大学）缺少覆盖性，没有注意性别、年级、学校类型（文、理、综合等，重点、普通、民办等）的分布……

不忍去看那两双热切而期待的眼睛，我硬下心肠把一盆冷水泼向她们：问卷不行，选择的调研对象也不行，能不能重新做，请你们根据自己的实际情况做决定。

我能想象这个被全盘否定的噩耗对问卷组同学的打击，我也能想象身为问卷组负责人的令倩所承受的巨大压力！作为老师，我自己也在进行激烈的思想斗争，甚至我想和令倩商量：这毕竟是你们第一次参与正式的社会调研任务，能设计出这样的问卷就不错了！实在不行就保留原样，毕竟问卷组的同学已经付出那么多心血和劳动，或者，我把调研的题目按照已有的成果改成"关于部属重点院校大学生的就业倾向调研"？但是，这种改动所造成的最严重的后果，就是等不久的将来我把大家的调研成果结集成

"大学生压力问题专题调研"而出版时，就不得不把这个调研删去，这样就会使她们班所有同学的劳动成果都白费了，而不仅仅是问卷组的调研！

我不知道那一刻令倩经历了怎样的思想斗争，我只知道令倩很坚定地回复我：老师，我们重做！问卷组的同学重做！

那一刻，我被这个小女生的勇敢与担当深深感动！

于是，有了勇敢的面对，有了崭新的开始，有了艰难的过程，并且最终有了圆满的结束。全部调研完成后，在我们的课堂展示环节，令倩站在讲台上陈述问卷调研的前前后后。"因为懂得，所以慈悲；未曾经历，哪会懂得"，她引用了张爱玲的这句话来表达自己的调研感受。有那么一瞬间，在同学们热烈的掌声中，她的泪水夺眶而出……

再次翻开她们的调研报告，结束语中写道：

"在一次次的讨论中，我们的思维碰撞出火花；

在一次次的修改中，我们完善了报告，同时完善了自我，变得更加严谨与认真；

在一次次小组会议中，我们协调工作，奋力向一个有行动力、高效率的整体迈进；

在一次次的彻夜赶工中，我们欣慰地欣赏自己的成果，所有疲惫化作释然的微笑和感动的泪水……

我们在调研中的经历早已超过调研内容的本身，它赋予了我们法学2班这个集体以灵魂和生命。只有切实参与其中，才能领悟那份温馨和感动。这种情感的涌动，让我们在活动中充满了希望和动力，让我们收获了人生路上的一段美丽风景。我们相信风雨后会有彩虹，更坚信我们能一起见证这个时刻，在似水流年中，留下属于自己的天空！"

有些感情，是值得一字一句深深凿在心里的；有些岁月，亦是需要一笔一画仔细描绘撰写的。孟子曾经说，得天下英才而教育之，乃人生一大乐事！感谢我亲爱的学生，让我这个普普通通的教师每天都在感受着、享受着这份快乐与满足！

我很喜欢“美好”这个词，我总觉得形容一个女孩子“美好”是最美好的肯定和祝福。在中国的文字中，“令”有“美好”的意思，“倩”也有“姿容美好”的含义，那么，就让我祝福我爱的学生更加美好吧！

是为序。

中国人民大学马克思主义学院教授

思想政治教育专业博士生导师　王易

中央马克思主义理论研究和建设工程专家

2012年8月

红樱桃，绿芭蕉（代序）

倩：

翻出很多陈年旧信，看着字迹一路由稚嫩转向沉稳、大气的你的信件，突然泪光氤氲。流光一泻千里，带走了许多，也留下了许多。

以前，我觉得“流光容易把人抛，红了樱桃，绿了芭蕉”是惨淡的意境，再回首那许多流金的过往，却突然觉得，走过的路途无论甘苦，无论短长，无论是繁华还是荒芜，其实，都是不朽的财富。就像春花虽已落尽，那红色的樱桃、绿色的芭蕉却是时光的馈赠，丰满，而且鲜艳。所以，我们怀念小时候，却更珍惜现在。所以你说，这不是乡愁，这是乡情，你还要向更高更远的地方飞去。

那些蠢蠢欲动的梦想，我都懂，所以，总会以温暖、真诚的心境望着你飞翔。过去如此，现在如此，未来也会如此。

记得很小的时候，二叔就对我爸爸说：“血缘真的很神奇，这两个丫头一年也见不了几次，感情却一直这么好。”是啊，虽然一直分隔两地，我们从来都是聚少离多，可自打记事起，我记忆里就一直有个大眼睛、圆脸蛋的妹妹在托着下巴望着我，还有红扑扑的脸蛋，笑起来深深的酒窝，让人一见就心生欢喜。因此，每年一放寒暑假，我惦记的头等大事就是去问爷爷奶奶：“倩倩什么时候回来?”而你，要回来时，也总要立刻让我知道。待到见了面，就几乎要一直黏在一起了——小时候多是玩玩闹闹、画画、过家家或者欺负欺负更小的；渐渐长大了，就开始吹吹聊聊各自身边的人事，很多时候都能聊到星光漫天、月华灿烂……那些大言不惭的碎言碎语，那些天马行空的畅想，我还依稀记得，闲时想来，总不禁要笑，笑过之后却又平添几分怅然。

如今，我们每年见面的次数少了，时间也缩短了不少。纵然通讯发达，却因各自都大了，林林总总的总有很多事要忙，匆匆见匆匆别也便成了常态。唯一不曾改变的，是内心的牵挂。

还记得吗？你去北京以后，一日我深夜惊醒，再不能寐，便打开手机上网，之后就看到你刚发的微博，说生病了，难受得无法入睡。我短信询问，你说只是感冒，天一亮就去医院看看，没事的。合上手机，凌晨两点半，我心里突然难过得无以复加，隔着万水千山，在你最需要陪伴的时候，我却依旧不在身旁。

可是，也许人生就是注定了有些黑暗和孤单总要自己咬牙度过，只不过那些困苦，蹚过了就是收获。并且，距离永远阻不断亲情。只要你知道有那么多的人爱着你，就不会有走不过的挫折、到不了的明天。

看着你一路走来，勤勉自省，从青稚懵懂到坚强明朗，从初露锋芒到学有所成，从略有彷徨到梦想坚定——我知道，小姑娘真的长大了，她的未来会比今天更美，只因为她以梦为马，勇往直前，从不辜负这韶华绚美，从不让那流光空逝。

很久以前就想专门为你写一些文字，可总是下笔迟滞，不知从何说起。直到听说你要出书，要我写序，我也是满心欢喜，终于有一个不再畏缩笔怯的理由了。总之，一切有你参与的际遇，我们的过去、现在、未来，都是时光的馈赠，是满树鲜艳的樱桃、芭蕉。

有你，是我生命里温暖的惊喜。所有最真诚善美的祝愿都给你，愿流年不殇，旅途酣畅；愿梦想成真，华枝春满。

姐姐　令璇

2012年7月24日夜

目　　录

诗书趁年华

这是乡情，不是乡愁

忘记时光记得你

心情絮语

诗书趁年华

安静就是方向

很少有时间静静地坐下，将手放在胸前，感受着自己的心跳。每天，我们都站在熙熙攘攘的人群中，跟着大家的步伐在拼命寻找。也许有的时候连自己也迷茫了，想要的，找不到。找久了，最初的想法也渐渐模糊了。

记得曾经看到过这样一种花——不谢，它们长在陡崖的侧壁，那里没有其余的事物，只有呼呼而过的风。但它们依然坚守，吸收日月光华、风霜雨露，不知道过去了多久，它们在一个寂静的时刻轰然开放，宛如一片朱颜海，而从此以后，便一直灿烂，千年不谢。我突然明白了些什么，它们一直苦苦坚守的，是那一份安静。也许周围的繁杂反而会使它们迷失方向，那就干脆来到这寂静的峭壁，让花开千年不谢，花落几世芳华。

对于生活在这世界上的我们，又何尝不是这样呢？我们身旁，又有多少双注视的眼睛呢？他们会夸赞、鼓励、宽容、默许，甚至会有嘲讽与不屑，这一切的一切都使我们心中的天平不停地摇摆，而我们的方向也会模糊不定。就让我们学会坚守一份安静吧！烦躁的时候，让自己清晰的心跳去指引，慢慢地靠近我们的追求。

有人会问，安静不也是一种寂寞吗？是的，让我这么来回答你：在时间的流沙上，所有成功的人都是注定要寂寞的，这种寂寞会让他看清方向。在路上，向着寂寞，也许就是向着永恒。这就是为什么我们总会在最深的绝望里，遇见最美丽的惊喜，因为那时我们开始叩问内心，于是看见了新的希望。

朋友，请记住，安静是寂寞，安静更是方向。只要我们抛弃那些嘈杂，还心灵一份安静，我们终会找到我们的方向，然后寻音而去。这个方向，将通向今年的六月甚至更远，将贯穿我们的一生。

忽然忆起顾城的一首诗：

不要睡去，不要，
亲爱的，路还很长
不要靠近森林的诱惑
不要失掉希望

请用凉凉的雪水
把地址写在手上
或是靠着我的肩膀
度过朦胧的晨光

撩开透明的暴风雨
我们就会到达家乡
一片圆形的绿地
铺在古塔近旁

我将在那儿
守候你疲倦的梦想
赶开一群群黑夜
只留下钟鼓和太阳……

是的，安静就是方向，我们，在路上……

2009 年 5 月

时光的告白

这篇文章，是从我书桌前那一沓厚厚的高三模拟卷中翻出来的。写得很简单，字数也并不多，对我来说却意义非凡。当时离高考还有不到一个月的时间，心里莫名地有东西在期冀着，但又不免焦灼。成长的路上应该有很多这样的时刻，心慌慌的，但还要故作淡定地坚持。所以，我提醒自己，要把心安顿好。到了今天，我还是想起那时自己安慰自己的话：安静就是方向，不惊慌，不焦虑，人生自然会找到出口。

路

我曾看到过这样一幅绝美的画面：在一条草木丛生的幽静的小路上，倒在草丛中的，是一台银灰色的山地车，所有景色的颜色都是黯淡的，唯有一眼望去那小路的延伸处，闪烁着几丝梦幻般的微光，像在招引，也像在拒绝。这是朋友拍下的图景，他说，这幅景叫“future”。

我已忘了当时自己瞥见那一点微光的具体表情，只是现在回想起来仍是一种熟悉的温暖，是的，路径远处的，就是未来。也许在越来越迫近六月的今天，我更深深地体味着期冀中的未来带给自己的焦灼与快乐。呈现在自己眼前的，是一条路径的即将结束与另一条路径上希望的破土。

依然清晰地记得，路上吹着海风，一个人走着走着，突然就在以为永远走不到的地平线处看到了海，一片蔚蓝色的宁静。当时令我喜悦的，不只是那让人凉爽的海风，而是这一次又一次的经历让我开始相信，路径的尽头是一个美丽的世界。

可是更多的时候，会在一个路口横生出许多条路，是通向不同的地方的。一旦选择其中一条，就可能要穷尽一生地去经历它，怕是没有回头的机会。总是会面临这样的窘境：自己的梦想之路新奇而艰难，其余的路平稳也平淡。仔细想来，这也是多半带主观色彩的，又有哪一条路没有荆棘丛生，不需要穿枝拂叶呢？这又让我想起前几天接受的一次非同凡响的精神洗礼。问题是被这样引出的：哈佛的学生很困惑自己为何总选择金融等高薪的工作，就跑去问自己的校长。校长是一位女士，她说：“这是你们心里希望得到别人认可的表现，这道理很简单。可难的是，你们为什么会问这个问题。孩子们，这其实更是你们按捺不住心中的梦想，才会问自己为什么选择他方。所以，趁自己还年轻，去奔自己的梦想，因为梦想会来不及，而其他的一切都来得及。”就是这个道理吧！路径代表的未来是自己的未来，放弃梦想，那条路径就会消失，再也来不及。当你看着那远处闪动的微光，心中窃喜并跃跃欲试的时候，请一定坚定信念地走向那里。只有这样，走到尽头时，才会得到满足的心和幸福的笑容。

正如美国诗人弗罗斯特所说：黄色的树林里分出两条路，我选择了人迹更少的一条，从此决定了我一生的道路……

2009 年 5 月

时光的带子

美国诗人弗罗斯特写过很多诗，《未选择的路》是我最耳熟能详的一首，也是我最喜欢的一首。记得初中学到此诗的时候，只觉得平淡，然而长大后就愈发觉得其寓意深远。原来人生中有这么多大大小小的选择，有时可以二者兼得，更多的时候却不能。遗憾也许是人们常有的情绪，但是我相信，未选择的路带走的远不及被选择的路留下的，所以没有不去感恩、不去幸福的理由。

星辉衬月，月明星辉

闭上眼睛，犹记得那晚“双星伴月”的情景。天空中呈现着一幅大大的笑脸，那两颗星星眸子次第闪烁，仿佛诉说着亘古不变的真理。

每一个生命自降临开始，就被赋予了相互关联的定义。于是，我们一天天长大，越来越多的人开始走入我们的生命。短暂的，长久的，一次次的邂逅与分离，使我们成长，也使我们明白互相给予的道理。

曾记否，“绿杨烟外晓寒轻，红杏枝头春意闹”。烟霭赋予绿杨朦胧的美感，而绿杨却点染了一派生机；春催红杏，红杏却道春来。曾记否，“片云天共远，永夜月同孤”。孤单的浮云给天空以邈远无尽的广阔，天空还浮云以形单影只的独特；一轮明月照出夜晚的孤寂，夜色却也将月光揽入这清冷的氛围里。于是我开始明白，为什么会有人生出“绿肥红瘦，海棠依旧”的感叹。

世间万物都是相辅相成、相互付出的，不会存在单方面的索取，更不会有单方面的给予。所以，让我们学会感谢吧！感谢生命中那几个牵挂你、真爱你的人，因为是他们让你学会爱是世间最美的和风；感谢生命中那大部分接受你、喜欢你的人，因为是他们让你知道相互扶持是最大的动力；感谢生命中那很少的讨厌你的人，因为是他们让你认清事物的两面，看到自己的缺点，并懂得珍惜已有的幸福；感谢其他那些坏人，因为是他们让你知道了人性的弱点。

也许更重要的，还是做好自己。因为有时一个不经意的小变化，都会引起别人生命中大的波澜。也许我们没有发现，当我们帮别人收拾起掉落的书本时，他们会心地笑了；当我们为安慰朋友写出小纸条时，他们落泪了；当我们和别人悉心交谈时，他们看到了前方更广阔的天空。

曾经被告诉过这样一句话：交谈和吃苹果不同。两个人分吃一个苹果，得到的只是半个苹果，可两个人交流思想，将会获得两份思想。这不正契合了事物之间相互补给的道理吗？走在人生的旅程，我们不断地交换、交流，也使自己在这流动的岁月中，保持着活力。

清风吹来，吹开了花，吹绿了柳，也吹开了我们的心门。让我们转身说谢谢：

谢谢你，愿意走进我的生命，你虽然不是最好的，却是我生命中最精彩的。

谢谢你，愿意让我走进你的生命，我虽然不是你最精彩的，但却在努力做到最好。

谢谢……

我希望，我可以是那星光，点缀皎洁的月亮；我希望，我可以是那月亮，聚拢所有的星光；我希望，我的世界永远是双星伴月。

星辉衬月，月明星辉。

闭上眼，我看到了最美的世界。

2009 年 4 月

时光的旁白

这篇文章源于陇西某个美丽的夜晚，那是2008年12月的冬天，风冷飕飕的，我照例吃完饭从家里去学校上晚自习。本来一如往日的平淡心情，却因为不经意的一瞥变得欣喜。深邃的天空里，有一张大大的笑脸。双星伴月，多么温暖的景象，于是我也冲着天空回了一个大大的笑容。上了大学后也有一次，因为复习民法考试复习到很晚，我和几位好友疲惫地向宿舍走去，却在抬头的瞬间惊呆了——满目尽是璀璨的星光，那一瞬间，像点亮了我们心中的灯塔一样，我们都没有再说话，认真地感受着北京温柔的夜，就那样静静地看着，就那样站了好久。几米曾经写过一句话："我在冰封的深海，找寻希望的缺口，却在午夜惊醒时，蓦然瞥见绝美的月光。"这应该就能说明生命中那些美丽的意外吧。我坚信，即使是世界上最黑暗的角落，也会有愿意照耀我的星星。

生命的回帖

岁月说，我悬笔一绝，题序等你回。

——题记

该如何形容变化千端的生命？有人说像山，变化中不失沉稳；有人说像水，流动中只显柔情。有人说它向上，有人说它消沉。而我说，生命更像一场岁月中华丽的续写，不同的季节会有不同的景象，不同的章节也会有不同的色彩。

生命之初，语气稚嫩，充满好奇。世界枝叶青翠，一派生机。生命的回帖里，满是纯洁的真与善，满是简单的欢与悲，那是孩子期盼的眼睛，也是生生不灭的希望。

走进青春，生命中最重要的便是梦想。那些追梦的艰辛与甘甜，那些梦沉甸甸的分量，都装在生命的行囊里。听，那世界会下雨，受了伤会哭泣，可还是会因鼓励而继续前行。生命的续写，会有“少年不识愁滋味，为赋新词强说愁”的难懂，更会有“直挂云帆济沧海”的坚定。青春的生命，繁花似锦。

到了果实累累的季节，生命便享受丰收的欢愉。不再有一些大的烦恼，看着落花流水也不再生发出悲天悯人的感叹。只是在喧嚣的城市，功名路上，偶尔会踮脚回望故乡的西风瘦马，凝神回味那里的夕阳西下，心中会生出小小的思念，思念过去的日子。生命的回帖，便也行云流水般地书写，记住辉煌。

也许只有到了生命的暮年，才能真正体会“夕阳无限好，只是近黄昏”的悲壮中隐藏的凄怆。岁月早已题写下皱纹，然后扬尘而去。只能面对着秋水呢喃，心中泛起无数涟漪；只能面对着星空无语，守望灿烂的孤独。生命也只能这样回帖以做终结：梦里相寻，梦外何处，花落只有香如故。

岁月说，我悬笔一绝，题序等你回。可是即便是现在，我们也无法说清哪一种生命最美。我们往往以新生蔑视古老，殊不知，所有生命终有一天会走向古老，把笔交给下一个生命。古老，如同海盐一般，会咸涩，却依然是海的结晶，保留着海的记忆。我们要学会珍惜，珍惜生命的每一种风景，且歌且行。

同一个生命，变幻着方式从初生走向结束，让我们认识它，接受它，就像汪国真所说：

我们不停地走着
从少年走向青年
从青年走向老年
我们从星星走成了夕阳。

是的，当岁月的风吹起时，生命变幻着曲调轻声应和。

2009 年 4 月

含香独自开

你看过那茫茫大漠，惊诧于它的旷远，你却听不到，那其中的每一粒沙在哭诉着自己的平凡。你看过那万紫千红的春天，陶醉于它的惊艳，你却看不到，那其中的每一朵花，都带着无奈的表情，渴望独自的春天。

我们总说一花一叶一世界，却忽视了花叶外的世界。就像站在大漠，无法挑出一粒你中意的沙。同样地，站在百花园里，你感动于它们的每一朵，却就是无法知晓最喜欢哪一个。

这个道理放在今天，是再合适不过了。面对持续蔓延的金融危机，多少捧着名校毕业证的学子奔波于城市之间，却难以敲开那一道道紧闭着的门。每个人都是独特的，可千万的独特挤在一起，就成了再也平凡不过的平凡。所以，请学会含香独自开。

学会变成沙中那颗耀眼的明珠，让经过那儿的人一眼就看出你的价值；学会变成独特的一朵灿烂，带着香气独自开放，让闻到花香的人可以知道你的存在。

所谓花香，就是自身的价值，在现今社会，越普通的人越容易被淹没。在茫茫人海中崭露头角，靠的亦是自己的价值。如果你不是含香独自开，谁会注意到平凡的你？有这样一个人，他就是走着自己的轨迹，淡然地含香，诠释着这个道理。在他的世界里，一切都是这样神奇：你不看画，你却看得出碧苔青瓦、夕阳西下；你不写诗，你却哼得出平仄韵味、意味隽永；你很时尚，你却感受到寻常巷陌、古香古色；你不感伤，你却明白了岁月斑驳、红颜易老。他就是方文山，在今天这个现代时尚的世界，引领我们回味中国风的人。他没有选择与千万人挤个头破血流，而是以自己的方式开辟了新的出路，体现了自己的价值，也让他的芬芳与韵味传到了每一个角落。

落叶吹进山谷，歌声没有归宿，
在含香独自开时默然抬头，
独自回味着喜与忧，
就要去摘取奋斗后的辉煌，
就要去体味，那美美的夕阳……

2009 年 4 月

悲伤过后，又是春天

既然伸出双手，也捧不起水中的月亮，
那么就让昨日成为过去，也成为纪念，
人生，并非只有那一处缤纷烂漫，
那凋零的是花，不是春天。

——题记

透过蜜蜂的眼神，我想，我了解它的悲伤。那朵枯萎的玫瑰，曾经给了它快乐与甜蜜，只是它已逝去。蜜蜂的心念旧恩，依然阻挡不了岁月在墙上悄无声息地剥落。可是这种悲伤，又岂止是蜜蜂独有的感触呢？在我们的生命里，总有一些人，一些事，悄无声息地与我们产生交集，却又在我们习惯之后，悄悄地走开。是的，我们忘不了，忘不了他们曾经教会我们的事，忘不了他们曾经带给我们的希望，我们总是向整个世界抱怨，却无法改变什么。

可我们终将要从悲伤里走出来，去面对新的生活，因为开动的列车不会因任何一个人而停留。蜜蜂的振翅飞翔，给了它一个新的春天，而我们更没有理由去逃避生活。当走出心中的那一方四角的天空，把那首未唱的歌、那封未寄的信存在心底时，我们就会看见新的希望，那是一种渐渐成熟的坦然。

当我们的阅历渐渐丰富时，我们就会懂得，原来一朵花的凋零颠覆不了整个春天，而在错过太阳之后，亦会有更多的星辰。生活中的无奈有千万种，它是眼看到手，却又失去；它是昔日伊人耳边话，已随潮声向东流；它是花开只有一次成熟却又错过；

它是树欲静而风不止，子欲养而亲不待。只不过，流光已逝，旧事难收，我们无法挽回什么，只能将它存在心底，然后慢慢地走远。

也许我们更应该感谢生活，而非抱怨，因为前方，总有最美的春天。有人说，痛并快乐着。他也说："如果能回到三十年前，我希望父亲还活着，我希望我们家天天有好吃的，可是没有。但当我和我的哥哥一同踏进北大校园的时候，我明白了痛苦也是生命的养料，可以孕育出更美丽的春天。"这是白岩松在四川灾区讲给孩子们的。

就像一句歌词中写道："成熟不是心变老，而是泪在打转仍微笑。"这就是我们应取的态度，悲伤只是一时的，只有装起它，才能走得更远；只有装起它，才有勇气和乐观的心态去面对新的生活。让我们坚信，那些回忆是我们心里的泪，流下来就收获了成熟。

我已懂得，蜜蜂亦会懂得，那些悲伤的逆流就如同山洪一般，来了终会去的。只是记得，无论在什么时候都要装着希望，都要相信周围的世界正面朝大海，春暖花开。让自己勇敢而坚强的心在新生的春天里，无畏而快乐地燃烧。

2009 年 5 月

我愿意是

我愿意是清风
淡淡的夏日
抚过青春的小草……
只要我的朋友
是一朵洁白的睡莲
在我的和风中快乐地入眠

我愿意是秋风
任凭一片枯薄了的秋叶
颠覆掉所有的春天……
只要我的朋友
是一株茸茸的蒲公英
随着我
自由地飘来飘去

我愿意是小溪
经过延绵的两岸
看着花开花落……
只要我的朋友
是另一片神秘的水域
与我遥遥相望
用一阵阵柔波诉出心曲

我愿意是水草
优游地在水底招摇
快乐地歌唱……
只要我的朋友
是那条金色的小鱼
摆动着小鳍
欢乐地穿梭来去

我愿意是云朵
是温暖的灿阳
只要我的朋友
是一只远飞的大雁
对着我发笑
它的欢喜，它的诗
在风前轻摇

2007 年 3 月

细雨湿流光

情婉如水，情细如丝，情绵如絮。

婉约的细雨，在花间细诉着被它轻轻打湿的流光。

——题记

“多少恨，昨夜梦魂中，还似旧时游上苑，车如流水马如龙，花月正春风。”

一曲望江南，多少亡国恨。物是人非，一切都只如春梦一场，无比荒唐。失意的李煜，在梦破后宛然而生一种无奈的悲凉，任它漫向到达不了的彼岸，亦幻亦真地感受着昔日的纷繁。

那段时光，被细雨湿成了无尽的悔意。

“都门帐饮无绪，留恋处，兰舟催发。”

冷落凄清的秋季，柳永，离别。可是谁将他的心留在了那里？“执手相看泪眼，竟无语凝噎”，是啊，面对无法改变的离别，那就让爱的愁眸无望地因企盼而流泪。曾经，陌上繁华，两岸春风轻柳絮；如今，兰舟临岸，晓风残月杨柳稀。

那段时光，被细雨湿成了难舍的思念。

“十年生死两茫茫，不思量，自难忘。”

孤独的苏轼，情寄梦中。“小轩窗，正梳妆。相顾无言，唯有泪千行。”也许就是这么一瞬，却因为不能忘却而变得永恒。心中无尽的相思，自己都无法说得清楚，无法摆脱。天本无情，所以天不会老，人为情愁，哪能不愁肠寸断？“惆怅旧欢如梦，觉来无处追寻。”

那段时光，被细雨湿成了永恒的系恋。

“梧桐落，又还秋色，又还寂寞。”

南渡之后的李清照独上高楼，极目远眺。远处起伏相叠的山，已不再连绵巍峨。秋风中，梧桐叶落，凄美了寂寞；无边的愁，点痛了记忆的羸弱。岁月潜变，逝者如川，唯有眼前的景才被真正拥有着。

那段时光，被细雨湿成了孱弱的心情。

婉约的细雨，踏着时光的痕迹，挥打着被月色晕开的结局，淡淡的，却隽永。她细腻地渗入每一份情感里，幻化成无瑕的年华。

落月下舀一勺天涯，残雪中斟一杯牵挂，流光中一个又一个孤单的影子，被沉淀下来，被细雨打湿。

细雨湿流光，静静地在花间聆听，也许在一千年以前，世界上早已有了你的影子，无形、有情……

2008年6月发表于《陇西一中教研》第1期，总第13期

由彩虹想到的

天空突然的几声轰隆，打断了我沙沙的笔迹。窗的这边，阳光照耀下的杨树叶泛着金色的光泽。窗的那边，黑云压城，山雨欲来风满楼。

我回眸望了望柔和的阳光，走向了窗的那边。空中不知何时架起了一道彩虹，一端落在两山之间，另一端直伸云层深处。奇怪的是，风很大，却不见雨滴。

周围的同学纷纷拿起手机拍照，却总无法将彩虹照出来。他们说，要去河湾，那里，是离彩虹最近的地方。我和好友伫立窗前，他告诉我，他也曾以为在河湾里能抓住彩虹的影子，再一次彩虹出现时，他飞奔向那里，却发现总是走不近。彩虹，凌空。我笑着对他说："彩虹凌空，所以你永远抓不到它；就像我们努力追赶，却总也到不了明天。"本来是幻象，又怎么会在相机里留下它真实的影子？

好友轻哼起周杰伦的《彩虹》，"哪里有彩虹告诉我，能不能把我的愿望还给我……"前天，当我写下那八个字的座右铭时，我不知自己是成功了还是失败了。愿望、愿景、理想、梦想，这些都是跟彩虹一样的东西，你能感觉得到，你却抓不到。"心如止水，霸气十足"，这是我给希望中的自己下的定义。

望着彩虹，我突然笑起来。这一刻，我发现天也有心情。只不过我们看到的只是晴和雨。狂风暴雨、斜风细雨、微风小雨、万里晴空，抑或些许乌云。天不哭不笑的时候便是阴天，天又哭又笑就是太阳雨了。心情不也正像是天气一样吗？暗自想想，世事真是微妙，在该笑的时候我们泪流满面，在最该哭的时候以笑相迎。哭笑不成正比，它何曾不代表了时间的两种表情，而现在的我，就站在这个交叉点上。

彩虹一点点消逝了，可它穿过我的心灵，踏遍了我所有关于梦想的土地。我闭上眼睛，只想说，所有有梦的人都不会遗忘自己走过的分分秒秒，那些属于时间的表情，是见证我们成长的伟大力量。

2008 年 10 月

耕耘生命

每个人的一生都是一次精彩的创造。因为，每一个人，都要在他们所拥有的土地上耕耘生命。

然而有时候，每一个人又不得不面对一块人生的贫瘠土地。

改变这种命运的方式就是行动。其实人生路上难免有许多不尽如人意，但我们不要死钻牛角尖，换个角度看问题，说不定我们会有意想不到的收获。

没有肥沃，我们会自己用双手去创造肥沃。记得《士兵突击》中常常会有让人热泪盈眶的镜头，后来仔细想想，是因为许三多的生命本身就是一块贫瘠的土地，然而最后他在那片土地上耕耘出了什么？一个兵王，一个成功的英雄。当他被他爹大骂龟儿子的时候，又有谁真正地想到他的内心所隐藏的纯朴和坚毅。三百多个腹部绕杠，这是他克服自身心理障碍所取得的骄人成绩。史班长的离开，让他原本就贫瘠的生命更加荒凉，他怕过，但没有退缩过。钢七连的独守，一个人，每天不厌其烦地打扫着空无一人的钢七连，因为他记着钢七连的精神“不抛弃、不放弃”！因为他的信念，所有的人都会接纳他。进老 A 的时候，他和成才背着受伤的伍六一，“要进，就一起进。三个老乡，三个老 A”。可是当有一个名额被占了，当成才自己跑了的时候，他还是一直背着，伍六一拉下了放弃的信号枪，他才哭着跑了，因为他知道，他进老 A，是肩负了两个人的梦想，而一旁，袁朗因为眼前这一幕，掉下了眼泪。这是一种感动，铭刻于心的。

当我们自己的条件不好，抑或在某些方式方法上赶不上别人的时候，我们又是否想过应该变不可能为可能呢？其实每一个人的生命，一开始都是一样的，只不过他们贫瘠的地方不同罢了。然而解决问题的实质都是相同的，就是要运用自己的智慧，自己的努力，发挥自己创造性的思维，去扭转人生劣势，出奇制胜。有的人可能会问，许三多有什么创造性思维？其实，他就是做好了每一件自己该做的事，就像高城说的那样“他每做一件小事都像抓着一根救命稻草那样，呵，当我抬头看的时候，他抓的已经是足以让我仰望的参天大树了”。这不是创造性思维吗？变不可能为可能。他不怕吃亏，因为生命中最重要的一件事，是学会从你的损失里获利，他付出了，也得到了。

我认为，有时候失去也是一种幸福，当失去了一些好的条件时，人们就会渴望，就会想办法让自己摆脱这个困境，只有到真正走出来的时候，人们才看得清，那其实是另一种幸福。当初的大家，也许会笑话那些拥有贫瘠土地的人，或者是抱着无可奈何的同情。可只有那些人自己知道，土地虽贫瘠，却是希望所在。他们没有埋怨，更没有绝望，因为他们相信自己的创造能力，相信他们的生命一样可以被他们耕耘得繁盛起来，甚至更美好。

朋友们，现在，当我们不得不面对人生的贫瘠土地时，你们会怎么做？迷茫是否会少一点？我也在探索，但我现在相信，生命的耕耘在于自己，而我们生命的贫瘠也最终会被我们的创造和努力所击破，变成一座生命的圣殿，那上面会有我们开出的颜色，会有我们种下的笑脸，更会有一种信念。这种信念，不是说出来的，是做出来的，光荣在于平淡，艰巨在于漫长。可是只要我们有心，就一定能战胜生命贫瘠，去耕耘属于我们自己的世界。

2008 年 1 月

灰烬·辉无尽

每一个生命的存在，都是为了在这个世界燃烧。只是有的生命，本身就是“灰烬”，但只要它们争取，就依然能够燃烧，它们飞过的地方，早已洒遍明亮的光辉。

记得小的时候每当家里停电时，妈妈总会拿出一根蜡烛，白色的。我总是不能懂，像这样一个苍白的生命，为什么会照映出一个绚烂的世界。然而，当这个世界漆黑一片时，我悄悄点燃它，就会有一簇柔和的烛光在我的眼中跳动。是啊，仅仅一簇却给了这个世界唯一的光明。当所有的一切都沉寂的时候，它刺亮了我的眼睛，蓦地，一滴蜡泪滑落。我开始对这个苍白的生命产生深深的敬意，燃烧自己，忍着巨大的痛楚，就算苍白，也无怨。我看到在一堆执著的灰烬里，光辉无尽。

又记起曾经看过一篇林清玄所写的《枯叶蝶的生命》，自己陷入那份生命的坚毅的感动中，久久不能忘怀。枯叶蝶没有美丽的外表，它只有两只褐色的翅膀。但它知道自己是蝴蝶，一个美丽的物种。当色彩绚丽的蝴蝶被人们捉去制成标本时，它却可以伏在枝头，静静地注视这一切。曾经的嘲讽、耻笑都过去了，那些彩蝶早已无法在林间花丛中享受生命，而它像一片枯叶一般，静静地站在枝头，随风摇曳。它就是在证明，外表灰暗单一的生命，一样可以有别人无法企及的美丽。对于枯叶蝶，那份美丽就是它用外表换来的更长久的生命，于死寂中绽放无尽光辉。

“我贫穷、渺小、卑微，但当我们的灵魂飞越坟墓站在上帝面前时，我们都是一样的。”简·爱这样说。外表到底有多重要？我常这样问自己。如果真的重要，那么我们的灵魂又占多大分量？

就像简·爱说的，真正能够绽放光辉的，是我们的灵魂。失去了一些，总会得到一些。就像蜡烛失去了颜色，却得到了整个世界的光明；就像枯叶蝶失去了绚丽，却得到了其他蝴蝶失去的更多的生命；就像我们没有美丽的外表，却可以收获至纯至善的心灵……不要只爱美丽的鲜花，爱生命这棵树吧，那时候，你会发现，美好的，还有鲜润的叶荚。

消失的歌，唱过了；消失的生命，忘记了。可是却能看见，那些灰烬中闪亮着的光辉。

它，不合世俗的有；它，象征澄明充盈的无。

灰烬，辉无尽。

2008 年 1 月

行于风中

谁看见过风？不是你也不是我。树木萧萧皆低头，便是一阵风吹过。

可谁没有感受过风？风穿梭于生命的缝隙，吹起如花般的流年。我行于风中，感受着内心涌动的阵阵暖流。是的，是风吹拂着皴裂的心田，是风传颂着关于幸福的一切传说。

回望处，记忆如风，且走且停。我忆起一个寒风凛冽的冬夜。那已是凌晨的一点，双眼焦灼的母亲拉起发着高烧的女孩，准备去医院。路灯是黑着的，她俩站在门口，楼道里只有那沉重的喘气声。对面的门在这时打开了，是阿姨催促着叔叔陪她们去医院。于是，那个寒冷的夜晚开始变得温暖，他们三人朝着医院走去。一滴滚烫的泪滑落女孩的眼眶，眼泪的温度，像是春天的魔棒，融化了冰冷的冬。从那一秒起，女孩开始坚信，冬天也会有暖风，而那种温暖的力量，将是她此生不渝的追求。

我行于风中，笑着将爱留下。

凝神处，前方如风，捉摸不定。我忆起哥哥告诉我：没有方向，什么风都是逆风。我没有忘记，自己是怎样苦苦挣扎于没有方向的混乱之中而绝不放弃；我不会忘记，自己是怎样摆脱困境而找到所向往之地；我更不能忘记，是在怎样的一瞬间，我突然明白逆风对自己的意义。

我行于风中，将坚定化为一方泥土。

而此时，我发觉生活如风，风如生活。我们总是一天天地在风中行进，在风中成长。

行于风中，让我们悉心地感受。暖风抚过，将爱遗落水底，如今竟成这满潭的翠绿。强风刮过，让我们学会在风中站得更稳，更加挺立。风吹皱了已泛黄的日历，却也吹甜了那心中曲曲折折的回忆。

行于风中，我总是感受到太多太多，我的生命开始充盈，而在向前的路上，脚步也愈加轻快。

记得纳兰容若在《浣溪沙》里的词句“谁道西风独自凉，萧萧黄叶闭疏窗”，我想他当时一定是将所有凄凉都强加给了风吧！风吹过，不仅有凉，还有更多生命的意蕴。不过有一点他是对的，风从来不会“独自”，它会把一切的一切都带给人们，包括那些逝去的日子，包括那些幸福的感觉。

当风吹过时，我泪眼婆娑。

2009 年 3 月

北大的梦，从今天开始

今天是新年的第一天，我离高考也只剩下5个月零6天。今天我参加了北大的自主招生考试。新年的开始，我发现我离自己的梦想如此之近。早上天还黑着，我们就去了考场，是兰州一中的教学大楼。走进去，看见红色横幅上写着“北京大学2009年自主招生、保送生笔试甘肃考点”，心情突然莫名地激动起来。在考场隔壁的化学实验室我们签了到，三个在场的老师都是北京大学的教授，他们很和蔼，一口纯正的北京口音，组长是北大行政管理学院的院长，另外两个是北大外国语学院的教授。陆陆续续地，同学们都来了。我知道，他们都是和我一样有梦的人，他们也是怀着朝圣一般的心情来到这里。我们在化学实验室里休息，教授问我们昨晚睡得好不好，我们都笑着不答。8点半考试，8点钟我们一起进考场，教授说，北大是最先产生民主的地方，所以我们也要同来同往。题被装在密码箱里，8点15分北京发来箱子的密码，教授说要学生监督着拆，并要照相拿回北京做公证，上去了七八个同学，我好羡慕他们。上午的三个半小时，很快就过去了，题很难，应该说是调子起得很高，我也终于感受到了北大的深度。收卷时，胖教授讲，北大最讲究的就是公开公平公正透明，所以他要我们学会这个，他说北大培养的是栋梁之才，祖国明天的希望就在我们，他希望我们不要管社会上乱七八糟的事，而是要以天下兴亡为己任。我第一次感到，这所由京师大学堂演变而来，在五四时期充当了全国先锋的学校所具有的内涵，那就是国家。他告诉我们，是考试，就有考上的和考不上的，考上的同学不要懈怠，考不上的也不要紧，因为每年北大90%以上的人才都是通过高考选拔出来的，北大的门永远向你们敞开，期待着与大家在北大相见。然后到了封卷子的时候，他问谁想上去，我没有犹豫地举手了，上了讲台，我拿着北大的封条，激动得不得了。我钦佩自己的勇气，也感谢北大给我的机会。

中午只休息了一小会儿就去参加下午的考试。进考场之前，教授亲切地问我:“令倩，吃过饭了吗?”我笑着回答了，心里暖暖的。今天参加甘肃省笔试的有 34 个人，文科只有 9 个人，我坐在他们中间，感到无比地荣幸。教授说有三分之一的同学的名字他们记下了，我是其中一个，真好。下午的题真难，我基本上都不懂。两个小时也过得很快。考完后胖教授对我们说：“难了吧，感受到北大的实力了吧，没事，你们考得肯定不错，如果你们觉得自己答得不好，那就是你们对自己要求太高，如果你们觉得自己答得好，那就是你们客观地评价了自己的水平。哪像我高考呀，第一门考完，我目光呆滞；第二门考完，我步履蹒跚；第三门考完，我衣衫褴褛，哈哈。”他还说:“谢谢大家的配合，这次考试很圆满，我在这里祝大家新年快乐，健健康康，考上北大!”另一个教授说:“期待着今年 9 月和大家在北大重逢!”我们都不自觉地鼓起掌来。考试一结束，教授们就坐飞机走了，他们说他们拿着我们新年送给北大的第一份礼物回燕园去。

我觉得今天之于我，就算是考不上，也是意义重大的。我开始更加向往北大。如果说北大的校园只是给人以视觉上的享受，那么北大的老师、学子，才是这个梦珍贵的地方，他们举手投足之间的儒雅和深厚，让我敬仰。我会努力的，因为北大在向我招手，它不是梦，就算是，也是我可以靠近的。

我的北大梦，从今天重新开始。谢谢这一天，让我感受到了我的未来，看到了我的希望。

2009 年 1 月

时光的旁白

我喜欢北大，喜欢了很久很久。小学三年级的时候，爸爸送了我一份生日礼物，是一本书——《等你在北大》。于是那本书被我翻了一遍又一遍，看那些状元们写自己的北大梦，看他们独到的学习方法和惊人的毅力坚持。高一那年暑假，全家人在爷爷奶奶那里看电视上对新出炉的状元的报道，我清楚地记得，爷爷靠在沙发的一边，说了句，“要是咱的倩倩以后也能当状元，上北大，那该多好。”我的北大梦就这么一点一点地累积起来了，根深蒂固的。知道能去参加北大的自主招生考试，我兴奋了好久。虽然因为转去文科只有短短几个月，最后的结果有些遗憾，但那应该是我距离北大最近的一次，我从中得到的，也远远比一场考试重要得多。来了北京以后，很多次我站在博雅塔下未名湖畔，都会回想起当时自主招生中的对联“博雅塔下人博雅”，而我对的是“未名湖畔影未名”。很多人都说北大变了，但我依然相信，“自由之思想、独立之精神”在这个时代，不会熄灭。

我的高三

高考今天总算结束了，出人意料的，我竟没有特别激动，却也谈不上轻松。这和那些哥哥姐姐讲给我的感觉是不一样的，是一种突然将收紧的心放开的释然，但却不是一种久困之后的逃脱，它没有繁杂，只有宁静。虽然这两天的考试让我彻底放弃了自己遥远的理想，但这毕竟是一种人生的经历，我走过了，就不觉得后悔。昨天下午，下着大雨，我坐在三中的教室里，紧张地演算，急促的雨声和我笔下的沙沙声高度地契合着，心里却也有小小的缝隙在遐想，关于高考，关于希望。走出考场，看着门外熙熙攘攘的家长，他们撑着自己的伞，也为孩子挡着心中淅淅沥沥的毛毛雨。我看着爸爸撑着伞走来，妈妈照下了这个瞬间，我脸上的表情难以辨别。想起冰心的话：是没有喜悦，也没有悲伤，抑或是像一个穿枝拂叶的行人，有泪可落，却不是悲凉。现在终于可以抽出时间，记下周围发生的事，记下自己的心情，记下每一个时间的表情，记下我无声无息的成长。我曾经设想了千百种的假期，就这样到来了，只是还忐忑着期待成绩的我，还是不能完全地静下心来。谢谢爸爸妈妈的陪伴，谢谢朋友们的关心，谢谢我自己的坚持。爸爸

正在给我念着他的感想：高考是一座桥梁，越过以后，就是新的希望。我曾以为自己是战无不胜的，现在想来的确是有些过度自信，这算得上是年少轻狂吧。喜欢顾城的诗，写在这里：

不要睡去，不要，
亲爱的，路还很长
不要靠近森林的诱惑，
不要失掉希望

请用凉凉的雪水，
将地址写在手上
或是靠着我的肩膀，
度过朦胧的晨光

撩开透明的暴风雨，
我们就会到达家乡
一片圆形的绿地，
铺在古塔近旁

我将在那儿，
守候你疲倦的梦想
赶开一群群黑夜
只留下，钟鼓和太阳

我也曾学着他，认真地在雪上写下那个圣地的名字，就让它化为我心中永远的追求，和我一起寻找未来的方向。

2009 年 6 月 8 日

时光的节日

我相信，只要是参加过高考的人，就一定会对它有情结。高三时光，是一段当时觉得疲惫辛苦，在失去后却想重新回味的青春岁月。我和朋友常在感叹，上了大学之后，怠惰了许多，哪儿还有高三时拼命向前冲的模样。自高考后，那种为了一个梦想心心念念、奋笔疾书、闻鸡起舞的日子，好像真的越来越少了。但每次想起曾经奋斗的岁月，都不禁红了眼眶，便又赶紧鞭策自己，要继续奋斗。不喜欢别人说我幸运，因为他们不懂我有多努力。虽然冲动永远比坚持容易，宝贵的东西都需要很费心。我懂，走过多长的困苦，就有多远的未来，想成为一个优秀的人，岂是想想就可以的？模仿和学习是第一步，也是最痛苦的一步。我懂，所以我很庆幸，每一天的我，都比昨天辽阔。

My world，my dream

这一天，我开始仰望星空，发现，星并不远，梦并不远，只要你踮起脚尖。

——题记

已是深夜十点，我望着窗外兰州深沉的夜，心情却像那依然闪亮的霓虹灯，久久不能平静。忘了有多长时间，再没有抬起头去看窗外的万家灯火，只是在一个又一个的深夜，睁着怠倦的眼，在白纸黑字间游离。而这终于结束了，我却依然无法那么快乐，因为战争远没有结束。不是说你的付出终于有了回报，也不仅仅是一分耕耘一分收获那么简单，我整整愁眉苦脸了两天，因为成绩好的喜悦早已烟消云散。终于发现，世界上最难做的就是选择，看着两个自己喜欢的地方，脑海中两个名字反复闪动，任何一个都难以割舍。终于发现，世界上最难逃脱的是命运。在签下复旦的预录取通知后感觉到，喜欢北京，却去了上海；一心想着北大，却只能走复旦；从小坚定的梦想是学新闻，转文科也是为了它，却突然改变签了法学。就在我已经准备接受这个事实时，最后志愿却改签人大，之后更感觉得到，还是要去北京，还是要去北大的对面筑自己的梦想，呵呵，真是难以预料。不过，今天的尘埃落定，给了我前所未有的轻松。好吧，就这样了，已定好九月的行程，就这样，勇敢地走下去。现在终于可以静下心来，想想已有的喜悦，带着希冀等待那张分量很重的通知书。

经过这个夏天，我终于相信了努力和汗水，终于相信了梦想，终于相信，在我的身上，还会发生一个又一个的奇迹。我必须坦诚地说，北大是我的信仰，也许还要走好长的路才能到达那里，但我会努力（嘿嘿，其实人大、复旦、南京大学等等在抢我的时候，我还是在偷笑了啦，甜蜜的负担）。

加油，别气馁，胜利就在前方，相信自己，就会实现一切，梦并不遥远，因为我踮起了脚尖……

2009 年 6 月 28 日

It's a long long journey

这两天听张韶涵的《Journey》，突然很有感觉。

今天在体育课上测了800米，那一路跑过来的时候，想了很多。

在我的学习生涯里，或者说从我有清晰记忆开始，我的体育一直是很差的，至少是跑步。现在想起来，自己在体育上最大的要求，就是努力做到老师的及格要求了。还能记得，小学时候，在体育课上，班级被分成两组跑接力，而我就成了决胜的转折点。我的这一组，有好多跑得快的同学，他们为了我，在前面拼尽了全力，基本上领先了一个人，然后我就在大家创造的这种领先状态下开始跑，可是，故事总不是完美的。另一组派了最能跑的人，就等着我上场，跑完的结果就是，他们领先我们一个人。不知道为什么，小时候的自己就是跑得很慢，真的不是故意的。记得当时跑完，我们组输了，和我关系很好的一位同学，很大声地抱怨了几句。我当时就有一种喉咙哽咽的感觉，可还是强忍住了眼泪。也许就是这样一种自己的坚持，不想成为大家的负担，想成为带领大家跑的人，想成为那个让大家骄傲的人。

上了初中，记得有一次测800米，自己跑了班级的倒数第一，当时觉得并没有什么，可是看到班里另外一个男生，心里就凉了一截。记得当时我问旁边的好友，为什么他就能学习又好，体育又好呢，像我这样的人，怎么又能称得上素质教育里的好学生呢，根本没有全面发展。当时因为那个难过了好久，现在回想起来，发现这真的是自己的一种性格，习惯了争强好胜，习惯了让自己不比别人差，习惯了每件事都尽力做到最好。

高中也还是一样，只是不像小时候跑得那么慢，开始慢慢有了自己的爱好，打乒乓球，打羽毛球，也爱上了跑步。放假的时候，每天早上早早地起来，和妈妈一起去体育场，打羽毛球，抑或一个人沿着跑道慢慢地跑。记得在高二下学期，那时自己正处在最大的煎熬中，挣扎于文理，每天觉得承受了很大的压力。那天下午的体育课，一个人不听劝地跑了一节课，烈烈的太阳下，想着心事，绕着跑道，一圈又一圈。中途，旭哥让我停下来，可是发现拧不过我，就陪我跑，他问我，你看到的天空是什么颜色的，我默然。还有强吧，还有瑞。最后的结果是，有点中暑，脚被磨起了无数的泡。之后却正好赶上5·12那几天，强烈震感，每天都有要突然跑出教学楼的时刻，可是脚上的泡让我欲哭无泪。

喜欢运动会，却不喜欢每次自己都是以一种旁观者的身份，拿着稿纸，写那些给运动员们的句子。小时候，是举旗手，运动员们穿着很整齐的运动装，而我，只能穿着格子裙，举着班级的牌子，带着他们喊口号：友谊第一，比赛第二。初中的时候，有一次因为自己穿了深色的牛仔衣，被拉去走运动员的方阵充数，走的那天，心激动得都要跳出来了。也曾每天早上早起很多，跑去体育场，看他们训练。高中的时候，很庆幸自己在无敌一班，高二的那次运动会，记得是在班级同学跑3000米的时候，几乎半个班的同学都在陪着他们跑，当时真的是很感动，喜欢自己是他们中的一员，跟他们一起承担。

其实也不是没有表达过这种意愿，总是半开玩笑地说，我来给咱们班跑1500米吧，然后大家都笑了，我也笑了。很多次，自己在主席台，念着一篇篇写给运动员的稿件，突然觉得当播音员真的很无趣，但我能干的，也许只有这些。

今天，自己也还是很胆怯的，那个拿过倒数第一的自己，那个在50米考试差了0.16秒就及格的自己，那个从来在体育上没自信的自己，会怎么样呢？还是跑了，用尽自己的力量。在某一秒，我觉得超过了前面的一名同学；在某一秒，我竟然不可思议地当了第一；在某一秒，我感到自己的眼泪在风中飘；在某一秒，我突然听不到身后的脚步声；在某一秒，我听到了晓旭喊的“倩姐”和班班喊的“倩”；在某一秒，我想起“该加速了，别放弃”；在某一秒，我感到自己还是充满力量的，即使看到了跑在前面的怡然，即使感觉自己能超过她，但还是学会了让自己保存体力；我想起了某一秒，我跨过终点线，老师说 3 分 39 秒；我想起某一秒，方菲递给我衣服；我想起某一秒，婉青抱住我，说“没事了，没事了”。

就像经历了一场很大的挑战，然而我，走过来了。跑的时候想了好多，其实心里一直在默默念着的，竟一直是北大。我记得当时的自己，念得很有节奏，北大，目标，还有过几次反问句，你会认输么？真的觉得自己好傻，在那种情况下，竟想到的是这些。也许对很多人来说，跑过一次 800 米，实际没有什么，过了就过了。但对我来说，感觉太不一样了。

这两天，确实有点迷茫，觉得期末了，却看不到自己到底学到了什么。那天打电话问爸爸，说自己觉得好长时间都没有再想过自己的理想。高考以前，一切都是很清晰的，我知道我要什么，我想要的生活方式，我想要的成绩，我想要的目标。可是现在，突然一切都很混乱，是因为一切都临近的关系吧，突然不知道自己要怎么去做才能达到自己想要的目的。那天上完法理课，觉得自己好肤浅，竟然提不出什么自己的想法，有时看着同学们在那儿踊跃地发言，还是觉得好难过。因为现在的自己，看到任何人的观点，都觉得是对的。想起一位老师说，你看谁的观点都觉得对，就是证明你看的书还太少。大学好纷繁，又有学习，又有各种社团工作，优势都想要，却更容易顾此失彼。

可是今天，结束后，突然明白了，当时有梦想实现的感觉。跑完后绕操场走了一圈，也大哭了一场，好久没有这种感觉了，追求一个东西，你达到了，很快乐。一直觉得自己是个幸运的人，因为总是有各种奇迹在自己身上发生，很不敢相信，但它却是真的存在的。原谅我一直都相信，自己坚持的，包括自己想要的，一定会在某一天，在我努力了好久以后，来到我身边。今天，就算作是另一个奇迹吧。谢谢自己的坚持，谢谢今天的奇迹，让我又有了重生的感觉，似乎不那么迷茫了。知道自己能的，能处理好很多事，能让大家相信，能让自己佩服，一直都想做这样的人，不是么？能创造奇迹，也许在这个过程中，有些许的运气，有各种支持和关心，当然还有我的努力和坚持。但最终，就像童话故事里写的那样，幸福会到来，梦想会实现，只不过 It's a long long journey，不是么？

2009 年 12 月 18 日

不曾经历，哪会懂得

不知道你们有谁能真正体会我现在的心情，百感交集。

老师说过，并不是所有的东西都可以称得上是信仰的，只有你为之献出过艰苦卓绝的努力，却还一时半会儿达不到、到不了的，才可以称之为信仰。那么我现在说，问卷就是我的信仰，这一点都不夸张。

我常常在思考一个很有名的辩题：过程和结果哪个重要？在做完问卷调查之后，终于对这个命题，有了真真切切的体会。如果说最后那一份24页的问卷分析报告是我们这次调查的最终目的的话，那么我说，这个结果其实不重要，因为没有过程，哪儿来结果。可是它又很重要，因为只有它，才是对我们这次问卷调查活动最大的肯定。我想说的是，假如仅可以记取，仿佛在漫天的雪雾里只记取惊心动魄的洁白般，只保留最曼妙的波澜，我想，我会选择那些过程中值得我们珍惜的点点滴滴。

这个过程，也许并不完美。它九曲百折，有抱怨，有辛苦，有不满。有时觉得自己都很难坚持下来，一遍遍地修改，每一次，都是翻天覆地的转变。可是现在回想起来，脸上却会不自觉地浮现出笑容，再也没有了抱怨。也许在没经历它之前，我们设想了千百万种困难，而事实上我们也真的面对了这么多困难，可是当它真正来临的时候，我们才知道自己远比想象中坚强，远比想象中经得起磨炼。就像那句话说的，我们真正的恐惧，在于恐惧本身。

我曾问自己，我究竟在这次调研活动里学到了什么？其实很难说清楚。可是，总是有那么一个瞬间，你会感觉到自己的改变。开始对数据敏感，开始不自觉地对比分析，开始更有耐心，开始更加仔细，开始更加专业和严谨。就像泽邦的感言：下次要是有人让我填问卷，我一定认真填。也许在以前，我们从未重视过摆在我们面前的任何一份问卷，而我们也从没考虑过那些问卷工作者的感受，没有考虑过那一份问卷对于他们的意义。就在今天早上，在看问卷分析报告的时候，我又发现了一个小错误，在写一个数据的时候，由于误打，将 87 打成了 97。也许在我们敲下键盘的那一刻，8 和 9 是没有任何区别的，但是，这个错误的数据，对一个调查结果来说，对一个调查结果所反映出的现象来说，对一个调查结果要反映出现象并提出的解决措施来说，这就是一个重大的失误。

我还要感谢我们问卷组的同学们。在我们兴高采烈地以其他班无法比拟的速度设计好问卷，并投之于清华、人大、北科大、中国矿大进行调查，收到数据以后几次彻夜统计数据，就差最后一份调查报告要出炉了的时候，听到了问卷被老师驳回的噩耗。是的，它对于我们，真的是一个噩耗。问卷的推倒重来，连我自己都没有信心。可是，当我那天和史册向大家道歉的时候，得到的，是全力的支持和安慰。谢谢你们。

我想起了那一天，那是星期三的下午，我们分赴四个学校进行调查。我们被分成清华组、人大组、北科大组、中国矿大组。

我想起了那一天，清华组的同学由于路上堵车，法理课都迟到了好长时间。

我想起了那一天，我们几个拿着问卷走在北科大的校园，亏了有欣儿和刘文宇的帮助，才得以完成。离开的时候我看了一下那个古树隆起的根留在柏油路上的裂痕，看了一下他们走在我前方的穿过古园门的背影，看了一下几排黄色的秋叶，突然明白了很多。

我想起了那一天，打给怡然的电话中传来了她疲惫的声音，她告诉我，坐车回来的路上，大家都睡着了。

我想起了那一天，下了法理课，我在回寝室的路上，碰到了正在发问卷的远山，那天很冷，而他第二天又要回家。

我想起了那一天，班班和册册夸我带领的问卷组效率奇高。

我想起了那一天，册册因为心里愧疚一个人改了好多遍问卷。

我想起了那一天，我，靖远，册，在品六的会客厅，听着指导一遍一遍地改，从原来的四所大学，到首都师范大学、建筑工程学院、北京城市学院。

我想起了那一天，我拿起记事本，写下愿意二次参加调查活动的同学的名字，心中有惶恐，有激动。惶恐，是因为人数少了一半；激动，是因为还有人愿意来。怡然告诉我，“就算所有人都不帮你了，你还有我”；册册说，“错误是我造成的，我跟你们一起”；凌岳跟我说，“问卷我帮你吧，不在乎多这一次”；班班、靖远跟我说，“没人了咱们班委担着”。

我想起了那一天，我和水母、莹莹站在北京城市学院的门口，在被冻得全身发抖的情况下，借着暮色，开心地留了影。记得她俩说，“因为这个人是你，我们才来的”。记得我们那天买的烤肉串，还有热热的煎饼果子。

我想起了那一天，我看到含章、吴仙和文婷从首都师范大学回来，冻得红彤彤的脸。

我想起了那一天，业宏、马赫认真地上网查地图，找路线。

我想起了那一天，统计问卷的夜晚，怡然和修安，荣天和何洋，他们嘴上在轻声抱怨，可还是以最快的速度交给了我数据分析结果。

我想起了这两天，方菲、苗条、馨然彻夜地工作，在昨晚（12 月 23 日）的 3 点 48 分收到苗条的短信：放心吧，ppt 做好了。然后我就睡着了，睡得很安稳，很香甜。

我想起了所有的昨天，突然觉得很充实很丰富。

我想说三个感谢：第一个，感谢王易老师和黎颖师姐的指导，因为有你们，我们才能一点点地进步，从最初的一无所知、不专业甚至自认为很专业到了今天的比较专业、比较严谨，收获了这么多。第二个，感谢问卷组所有同学们的支持、鼓励、关心、用心，以及史册的指导，其他各组的配合，没有你们，问卷不可能这么完整。We are a team！第三个，感谢我们共同拥有的这份经历，也许它不是我们生命中最好的一次，却是我们共同回忆中最精彩的；也许我们的工作不是做得最精彩的，我们却在尽力做到最好。

我相信，这些经历，不仅我有，所有做过问卷调查工作的同学都有；我相信，这些感觉，不仅做问卷会有，在所有我们为之付出过努力和艰辛的活动中都有。就像张爱玲所说的，“因为懂得，所以慈悲，不曾经历，哪会懂得”。希望我们以后，都能珍惜每一次让自己付出的机会，“懂得”，也许就是我们最大的收获。

2009 年 12 月 24 日

时光的印记

这是我的一篇演讲稿，记录了我大学生活中最重要的一个节点——大一第一学期的思想道德与法律修养课。我担任了我们班问卷调查组的组长。问卷组的成员占了我们班一半以上的人数，任务也是最艰巨的。起初，我们以为问卷的设计及发放统计过程都很简单，于是自作主张地快速完成了所有工作，可是发给老师看过之后，却得到了全部推翻重来的消息。然而就是这一次推翻重来，给了我们太多的体验。我们学会了忍耐，学会了细心，学会了团结一致。这之中有抱怨，但结束之后，却是更多的不舍。在最后作展示的那天，我在台上演讲的时候几度哽咽，台下老师哭了，很多人哭了。老师说，我们是四个班中当之无愧做得最好的班级。正如张爱玲说过的“因为懂得，所以慈悲，不曾经历，哪会懂得”。我是幸运的，所以才有这样一次深刻的经历，来纪念我最最值得骄傲的青春。最后，谢谢麻花老师，以她儒雅博学的授课方式和认真严谨的态度，让我看到了一个书本外的世界。

我是人大法律人

刚才去参加法学院2010年的毕业酒会，我穿着跟毕业生一样的文化衫，做着服务工作。法学院是大院，毕业酒会的举行地点，正是全校新生举行开学典礼的世纪馆。而我们的法学院新生欢迎会，是在我们金碧辉煌的如论讲堂。我依然记得，那天，当我听着院长说我们是人大法律人，当我跟着他念起人大法律人的宣誓词的时候，即便我曾是多么地喜欢北大，我依然难以挡住心中的激动和流出的热泪。

今天又何尝不是这样呢？看着大四的师兄师姐和所有的老师，收获的还是感动，更是一份坚毅。就像师兄师姐们说的，当一个个书上的名字，活生生地出现在我们面前，为我们传道解惑的时候，那份忐忑，那份期待，就涌现在每一位人大法律人心里最温暖最轻柔的角落。今天趁着这个机会，有幸和王利明教授合了影，当时有点幸福得晕过去的感觉。

院长说："我心疼你们，自习室那么少，你们为了学习，每天一大早都来法学院图书馆排队，所以我决定在接下来几年增设几千个座位供你们自习。”有好多的师兄师姐哭了。老师们都说，学生是学校里最可爱的人，而我们看来，老师又何尝不是呢？大元院长常常强调，作为一个法律人，要始终把人文关怀的精神放在第一位，而他确实也是身体力行地做我们的榜样。

宋鱼水法官说：“我本来可以从西门进来人大，那样离世纪馆近些，可是，我还是像我当年上学时一样，从人大的正门（东门）走了进来，一步步地走到这里，走过这个不大的校园，看着在教二草坪上，年轻的同学们在认真地看着书，偷偷地想着心事，我就很感动。人大的孩子，是多么地浪漫，多么地优秀。今天，你们要开始走向社会，你们最终将会面临两件大事：一是成家；二是立业。拥有幸福的家庭，为小家、大家承担责任。”我真的就懂了这个优秀的法官想要教给我们什么。

当所有的师兄师姐多才多艺，在台上弹着吉他唱着在人大的几年，听着他们从最初的梦想唱到外面的世界，听着他们从一个像夏天一个像秋天唱到朋友别哭时，我终于知道大学四年，承载的感情哪里只有一种，所有的欢笑和哭泣交织出来的回忆，每一天都不同。

法学院的师兄师姐不仅专心学术，还投身志愿活动。他们在台上，一遍又一遍地喊着“青春十载、奉献终身”，声音越来越响、越来越急，最后，所有的老师和我们，也喊出了声。

不是因为早上复习了一早上的行政法，不是某一天看完了中法史老师要求的《明大诰》，不是某一天突然学会了怎样分析违宪审查制度，只有当我站在人大法律人中间，和老师们一起宣誓的时候；当我看着老师们一个个关切的眼神把我们当成孩子的时候；当我听着老师对我们说，要披荆斩棘，一往无前的时候；当我知道法律的精神是“人文关怀”的时候；当我听着一个个优秀的校友告诉我们该怎样做好法律人的时候；当我们一起放飞梦想的纸飞机的时候，我才感觉，这是我离“人大法律人”几个字最近的时刻。

今天给了我太多太多的感触，它让我知道，我应该怎样珍惜在人大法学院的这四年，将自己塑造成一个怎样的人。要关怀人文，要志愿终生，要多才多艺，要激情浪漫。一个顶尖的法学院，又怎么会只是要求你精通所有的专业知识呢？看见今天师兄师姐离开，才知道自己在这里的每一天都要倒数，只希望三年后的自己，能被塑造成很优秀的人，懂得谦逊，懂得尊重，持着自己的砝码，当一个合格的人大法律人。

2010 年 6 月 20 日

梦想与荣耀，和我们爱你的心

中国人民大学成立60周年了，中国人民大学法学院成立60周年了。祝你生日快乐！

你走进我生命里，仅仅有一年的时间。去年的这个时候，我怀着一颗忐忑的心，从遥远的故乡来，明白自己要在你这里寻找自己的位置。那时候我还只是一个经过高考磨炼的孩子，只是简单地相信年轻应该奋斗，生活需要信仰，却不知道，该向何处奋斗，什么才是信仰。而你，把我纳入了自己的怀里，像捧着璞玉一般地呵护。我来到了人大法学院的大家庭，认识了同样被你呵护的和我一样的朋友们。

我对你是有怀疑的，在一开始的时候，虽然大家都告诉我，中国人民大学的法学院是全国排名第一的，但我总有种被北大、清华压在头上的感觉。可是，当我慢慢地听着老前辈们，一点一点地讲起关于你的历史，我才发现这背后隐藏了多少梦想和荣耀。就在昨天，院庆在人民大会堂举行，从学校到人民大会堂80辆大客，全程戒严警车开道。当我和其他1300名人大学子、所有知名校友和世界400多所知名法学院的院长一起，走进人民大会堂的时候，我终于敢昂首挺胸地、肯定地说：我是堂堂正正的人大法律人。昨天的庆典大会，时间不长，感受却很深刻。而让我感动的，不仅是周永康等国家领导人的肯定和一次重要讲话，不仅是其他各国法学院的赞誉，还有老教授代表的讲话。那一刻，听着曾在人大执教60多年的老教授叙述着他们对人大的爱和付出，我眼泪都要激动地溢出来了。是的，60年前，中国人民大学重新命名组建，也成立了新中国第一个法律系，于是，所有的法治进程，一步步地从这里延伸出来。只是我们，在不了解你之前，都不知道这些历史，不知道这期间沉淀了多少辛酸与磨砺。如今，经过60年的发展，你终于成了全国第一法学院。我原来不懂，可昨天看到，所有兄弟学校的校长、院长甚至是法学界的泰斗，竟然大多曾在你提供的沃土上成长。才明白，60年的栉风沐雨，才换来60年后的荣耀和辉煌。

想起刚进校时在法学院开学典礼上，我们一起握拳宣誓的场景，“我发誓，我要成为一个合格的法律人，坚守正义，为祖国的法治发展，尽自己的一份力量”。现在想来，那一刻的感动，与聆听老一辈教授们讲话时的感动是一样的。当看着赵中孚教授颤颤巍巍地走到话筒前，已是满头银发的他，讲起话来声音却又是那么洪亮，那么健康。 我不禁在想，这该是经过了多少风雨心酸之后的淡然啊，他们所经历过的昨天，不正像我们所要面临的今天和明天一样，被重重地划进法学院的历史中了么？今天，年轻的我们在这里度过对我们来说最重要的大学生涯，而我们肩负的任务，也越来越大。

昨天的心情，真的是异常地激动。学校里其他学院的人，都想不通为什么明明是校庆，就非被我们变成了院庆，到处都是法学院60周年院庆的标志。我只能偷偷一笑，其他的不便多说了。想起大元院长说的一句话，他说，他会尽自己所能，为我们创造所有的机会；他说，我们的法学院，会让我们本科生，在上学的时候，最差的也要去港澳台交换；他说，是时候，让我们一步步地踏入世界了。有这样一位可爱可亲的院长，真的让我们觉得很幸运。机遇和能力总是同等重要的。

昨晚，去看了法学院的院庆晚会，主题是：光荣与梦想。我去“打酱油”，献了三束花。一束是给孙国华教授的，这着实让我激动了老半天。昨晚辉煌而盛大的晚会，就是我们送给法学院60周年的礼物。昨天的校内，全部是关于法学院院庆的状态，而让我最喜欢的，是一位师兄说的：人大法学院六十岁，我二十岁。等我六十岁的时候，也一定要来祝你一百岁生日快乐。是啊，看到那些老照片，看到已经白发苍苍的前辈们见到多年不见的朋友流出的泪，我就知道，这里，不仅有梦想与荣耀，还有我们之间深深的情谊，和我们爱着你的心。

曾经去了人民大学的旧址，在张自忠路，心里突然就宽敞了。才发现，这世上最不可忽视的就是历史，忘了历史，你怎么能懂它一步步走来的痕迹呢？时光会说话，很多事情，都被时光默默地记下了。我觉得自己是何其的幸运，在你 60 岁的生日，和你微笑在一起，感动在一起，成长在一起。我也有理由相信，在你未来的 60 年里，我也会依旧和你在一起。带着你教给我的所有，坚忍、正义、公平、善良，去迎接自己明亮的人生。

是的，昨天，见证了过去 60 年，你的荣耀与梦想。那么，未来的 60 年，请你来见证我们爱你的心。我们爱你，不仅是因为总书记来视察；我们爱你，不仅是因为中央政法委书记周永康的讲话。我们爱你，是因为我们真的了解你。我们知道，我们深爱的中国人民大学，不是什么学术腐败很官僚化的地方；我们知道，我们深爱的法学院，是中国法治开始的地方。我们爱你的清新活泼不死板，我们爱你的严谨认真不做作，我们爱你为我们提供的一个又一个学习的场所。这里，到处都有我们的影子，到处都有人大法律人的精神。是的，这就是我们的你，承载着梦想与荣耀和我们爱你的心。

我会为了你，好好地加油。我会为了你，背负起梦想的重量，背负起曾经看似和我无关的重任。我们每一个人大法律人，都深深地为你感到骄傲和自豪。所以，也请你为我们见证，这未来的每一天，都将是我们记着你的教诲前行的步伐。

最后，真心地祝你 60 岁生日快乐。为你唱一首歌，那里有：梦想与荣耀，和我们爱你的心。

2010 年 10 月 4 日

别让孝道渐行渐远

在外的游子，总会在每一个能够感受到故乡气息的时候，心微微地震颤。思念故乡，是因为思念亲人，而最主要的，就是家中的父母。想起曾经看到的一首小诗：“花红，夜暖，故乡正是春天，我在梦中向它靠岸。”每每读起，心中都有淡淡的温暖流过，就自然地想起了爸爸妈妈。

今天是西方的感恩节，恰好老师又讲到了孝与忠，感触颇深。在今天的西方，无论天南地北，再远的孩子，也要赶回家。总有一种遗憾，我们国家的节日很多，唯独缺少一个感恩节。我们可以东施效颦，吃火鸡、南瓜馅饼和红莓果酱，我们也可以千里万里赶回家，但那一切并不是为感恩，团聚的热闹总是多于感恩。

有句古语说得好，“百善，孝为先”，意思是说，孝敬父母是我们人类各种美好品德中最为重要的。可总是有这样一种现象，儿女有钱了，很容易做到给父母买车、买房，但是最难做到的就是不给父母脸色看。孔子曾经对他的学生们说过，孝敬父母什么最难？是“色难”，就是不给父母脸色看最难。父母一心扑在儿女上，可是儿女呢，往往走出了家门，因为各种各样的原因，慢慢地忽视了父母的关爱。因为忙，开始忘了给父母打电话；因为忙，开始不耐烦听父母唠叨；因为忙，开始对父母大吼大叫以发泄内心的愤怒。

孝道在渐行渐远吗？

古籍中的《二十四孝》故事、《孝经》中对孝层次的规定，这些都义正词严地向我们证实，孝道在被传承。诚然，在中国的古代，孝道是很受重视的，孝道精神是伦理思想的根本，儒家所建立的伦理观是以“仁”为核心，而孝正是仁的本源，所谓“孝悌也者，其为仁之本欤”（《论语·学而》）。然而，何谓孝？“孝，善事父母也。从老者；从子，子承老也”（《说文解字注》）“孝，好也，爱好父母也”（《释名》）。它可由家庭伦理扩大到社会伦理，所以孝能治国，移孝以作忠，进而为民族尽大孝。可是这样的孝道，又有多少人真正做到了呢？

常听到各种各样的关于“孝”的古语，感触最深的就是“树欲静而风不止，子欲养而亲不待”。树木不喜随风摆动太多，否则便枝歪叶落，无奈劲风始终不肯停息，而树木便不断被吹得摇头摆脑。风不止，是树的无奈；而亲不待，则是孝子的无奈。原来真正的孝道，只有一个字，早。记得曾经看过的一首很著名的诗《不要等到》，现在想把它改一下：不要等到孤单时才想起父母，不要等到失败时才记起父母的忠告，不要等到生病时才意识到父母的关心，不要等到腰缠万贯时才准备孝敬父母，不要等到要分离时才后悔没有珍惜感情，不要等到别人指出时才知道自己错了。父母慢慢变老，会越来越像小孩，会拿不住碗，会走不稳路，会说错话。但是，请你也像他们曾经牵着你的手走过那么漫长的成长岁月一样，牵起他们的手。不要抱怨他们，耐心地，一句一句地，重复他们曾经对你说过的话。

今天是感恩节，我却想到了感恩节之外的感恩，感恩不该是个节日，它是我们最不能等待的事。对父母好一点，别让孝道渐行渐远。

2009 年 11 月 26 日

我们不曾在意的错过

——听“闻木樨香否”后有感

闻木樨香否，是一段关于宋代文学家黄庭坚的有名的禅话。

“闻木樨香否?”

“闻。”

“二三子，以我为隐乎？吾无隐乎尔!”

据说，就在那一刻，黄庭坚恍然有所悟而入了道。

其实，这个禅话想要表达的就是道无处不在的道理。老师随时随地都在教你，你自己不懂又有什么办法呢？道是客观存在的，它就如同木樨花淡淡的香味一样，弥漫在我们周围，就看我们能不能闻到它的香味。我们生活中的很多事又何尝不是这样呢？很多时候的很多道理，其实都早已给出了答案，只是我们自己还走不出自己的迷潭，不愿意去悉心感受周围的事和人。一些东西生活早已给了你，可总是因为我们自己的混沌，错过了好多。生命是一场华丽的旅行，一场特别的约会，错过也是它的常态。因为无知，因为混沌，我们身处木樨园却难以闻到它的香气，就这么一直错过，错过了良机，错过了良辰，错过了花月，错过了姻缘，错过了高人，错过了雅士，错过了前朝，错过了后世。也许有的人一生都难以悟出这个道理，于是就在岁月无比吝啬的设定的一个时空小格子里，走完了一生。如果我们不善于挽留，如果我们不善于淘拣，如果我们不懂得让自己的心在一张为“错过”而微痛的小小贴士前驻足，那么，我们就可能永远都看不到自己身处的世界其实已经就是我们的目标之所在，而依旧茫然地寻找所谓的道的不二法门。

想起了自己曾经看过的那个经典童话《青鸟》，其中的道理仿佛也与这个禅话相似。它讲述的是两个孩子寻找青鸟的故事。樵夫的孩子狄狄和芙狄在平安夜见到一位仙女，仙女说她的小女儿必须得到青鸟才能幸福，吩咐他们寻找。两个孩子用仙女的魔钻，召集了面包、糖、火、水、牛奶、猫、狗和光的灵魂，带着自己的希冀，踏上了寻找象征幸福的青鸟之路。他们先后搜寻了思念之乡、夜宫、森林、墓地、幸福花园和未来王国，却一再受挫。醒来时，狄狄、芙狄发现自己回到了家里。这时，邻居贝尔兰戈太太到他们家里，请求狄狄把他的小鸟给她生病的小女儿，狄狄意外发现小鸟是青色的。小姑娘得到青鸟，病立刻好了，可是青鸟却突然飞走了，就那么越飞越远。狄狄很难过，可是也就是那一刻，他突然明白了，什么是幸福？怎样追求幸福？原来幸福并不是那个遥不可及的青鸟，而是就在我们身边发生着的点点滴滴，就如同这个青鸟飞走了，还会飞回来，幸福也会一直不断延续的。给人以幸福，自己才能更接近幸福。如果我们经常怀着无私的、良好的意愿，那幸福就近在咫尺。

只希望自己从现在开始，能做个有心的人，不要再因为不在意不留心，错过一些灵感，错过生命的美好了，也许就是自己静下心来感悟的那一刻，才能闻到淡淡的木樨香，悟到生命之道。

2009 年 11 月 28 日

关于理想的旅行

突然想起一句话，忘了是哪位哲人说的：梦里走了好多路，醒来却还是在床上。

学了《易经》中的“乾卦”：

初九：潜龙勿用

九二：见龙在田，利见大人

九三：君子终日乾乾，夕惕若，厉无咎

九四：或跃在渊，无咎

九五：飞龙在天，利见大人

上九：亢龙有悔

用九：群龙无首，吉

老师说，我们还是处在初九，或者九二的阶段，不可以轻举妄动，不可以操之过急，我们知道的还很少，我们需要了解的还很多。

关于理想，真像是一场长长的旅行。

我喜欢成为像阿甘一样，把理想当做信仰的人。

其实一直以来很喜欢新闻，每次看到舞台中央的主持人，心就会不自主地“砰砰”跳。不仅仅是因为艳羡她们的光鲜亮丽，只是从很小的时候起，就把它当成一种梦想了。然而终于知道现实和梦想并不能完全画等号的时候，我倒十分坦然了，因为还是相信，虽然走的路不同，但只要想，总会达到的。总觉得自己是个幸运的人，因为周围的一些人，一些机遇，一些努力，很多小小的不可思议，就那么发生了。比如说，不可思议的坚强，不可思议的成功，不可思议的精彩，一点点，都是很神奇的。这些，应该都是理想的作用吧。

前几天体育课上测了 800 米，那一路跑来，思考了很多。自己其实一直都是体育方面很差的人，跑步从来没有及格过。不是不想，只是跑不快。这一次，一路跑来，脑子里竟然只有一个想法，前面就是我的目标，能及格，就能实现，加油，别放弃。就是这么跑下来的，结果成绩竟然很好。从没有想过自己能跑出那样的成绩，也许对别人来说，那样的成绩根本不算什么，但是对我来说，就像是一个巨大的飞跃。

一直以来很困扰，不知道怎样才能算是一个优秀的大学生。在大学以前，一切都是很明晰的，我知道自己想要什么，知道自己的理想是什么，可是现在，仿佛又身处迷雾一般地不知所措。也许，就是追逐理想中的苦恼吧。可是就是在跑完 800 米之后，突然又明白了些什么。

原来理想可以大，理想也可以小。托尔斯泰将人生的理想分成一辈子的理想，一个阶段的理想，一年的理想，一个月的理想，甚至一天、一小时、一分钟的理想。

大的理想，催人奋进，可以达不到，但它是一种指引。就像张载大师曾说的，为天地立心，为生民立命，为往圣继绝学，为万世开太平。这种理想，谁不希望呢。但是，也许最精髓的一句，就是：虽不能至，然心向往之。

小的理想，可以是看完一本喜欢的书，可以是尝试做点点滴滴的改变。处在潜龙勿用的时候，也许真的是一段很迷茫的时期吧，看不到一些明确的答案，可是只能这么不断地积累，也许都不知道最后结果是什么，但依然坚持着。

想成为那样的人，善于学习，品行高尚，理想远大而又脚踏实地，能够在应该的时间做应该的事。眼界要再宽阔些，对人对事要再宽容些。

就是这么多的目标，老是把自己标榜着，像是一场经历好多驿站的旅行。翻开了《麦兜响当当》，看着扉页上的话：一条简单的路，多么易走，多么难行。

关于理想的旅行，在路上，只是，It's a long long journey。

2009 年 12 月

梦想和经典一样，只会越来越珍贵

最近迷上了十一度青春的电影，看了《老男孩》，从开始的恶搞，到最后的感动，我听着那首歌，泪流满面。

到了今天，说句矫情的话，真的觉得青春就像是一把抓不住的流沙，越来越快地从手中溜走，而我们无能为力。想做的事情那么多，可是时间又那么急那么少，让我真的觉得无所适从了。

突然特别想家了。每周六周日，起得比平常还早，六点半起来，吃个早饭，在地铁上晃晃悠悠一个小时左右，就到了上课的地方。那天自己一个人在还挺黑的早晨走着，突然就特别难过。我没觉得自己比别人多用功，但也没觉得自己比别人差在哪儿。可为什么转眼一看，大家总是跑到我的前面了呢。不知道是不是真是这样，周围的人都有计划地进行着自己的生活，仿佛他们已经规划好未来且是触手可及的。我却不一样。我现在还不知道自己以后想干什么，虽然曾经一段时间我觉得这样是好的，因为很多事本来就没法提前决定，好好地一步步感受青春才是真的。可是这种没有方向的感觉还是让我的心悬在半空中放不下来。

专业是法律，可就是因为这样，我才看见，有很多东西是在法律之外的，在很多情况下，法律才是那个最无能为力的手段。那天听了梁治平教授的讲座：我们离法治到底有多远？可是这个话题多么大又多么空啊。这个问题的前提不就是，法治被预设成我们的目标吗？可是，作为一个提倡以人为本的国家，我们渐渐苏醒的民本主义，与我们所要坚持的规则之间，最后肯定是有一方要妥协的。刑为盛世所不能废，而亦为盛世所不尚。也许我们想的不应该是我们离法治有多远，而是法治离我们有多远；对我们的国家来说，政治离法治有多远，而法律又离法治有多远。那天的讲座场面很热烈，我却微微有些失望，因为我看到了梁治平教授最后有些激动地反驳。也是，对于他那样一个理想主义者，又怎么经得起现实的一切呢？

很多时候，我觉得自己学法学得很无力。没法解决一些问题，更找不到自己理想的出口。看那本《致我们终将逝去的青春》，那么恶俗的情节竟然也能让我有流泪的冲动。仔细想想，就是觉得，现在在身边的那一群人，将来还会在一起么，现在所坚持的梦想，还会是我们十年后二十年后的期待吗？

听《老男孩》的时候，最触动我的是那句：曾经志在四方少年，羡慕南飞的雁。

我真的会害怕。如果有一天，我开始满足于在一个写字楼里当一个小白领，每天和大家说说笑笑地混日子，然后多年以后若再听到这首歌，那时的心境，怕是不能像今天这样言说了。

多么希望，在这一生里，我可以至少有一次，为了奋斗而忘了自己。可是，between the reality and dream, falls the shadow。就像飞轮海在《误会》里唱到：像一颗星以为可以照亮黑暗，像一阵风以为飞上了云端。可是不是这样的，我现在已经被每天烦烦琐琐的事情一点点地磨掉了对梦想的期待。

如果说我真的想干什么的话，我想成为像曾子墨那样的人。我喜欢新闻，但我渴望将法律传播开来。公民社会不是一天两天建成的，我相信，普法在这里，具有更广大的意义。我也相信，我会以我自己的方式表达我自己作为一名法学院学生的人文情怀。

就像《老男孩》里的最后一句，梦想这东西和经典一样，只会越来越珍贵。

加油！

2011 年 11 月 14 日

幸运和努力，你更相信那一个

怎么会反而有些失落呢？连我自己都不懂。

司考终于结束了，虽然没有怎么好好地准备，却依然是我心里的一个结，一个劫。我觉得需要写篇文章来纪念一下，自高考后唯一需要纪念的考试，一个折磨了我一个暑假和两天的考试，一个如果有可能的话我这辈子都不想再考第二次的考试。

其实一开始挺看不起司考的，总有人跟我说谁谁谁过了司考，我从来都不关心。心里一直觉得那是个随便看看就能过的考试，也有点小小的自私的骄傲感，如果人大法学院的学生去考还过不了，太可笑了。

但也许真的不是呢。从一开始慌乱的复习计划，到后来几乎都看不完的书，记不住的法条解释，到最后测试真题时候的心慌和完全空白不知如何作答的卷四，都让我一度怀疑过自己的智商。

第一天去考场时候，看见路边的台阶上坐满了人，都拿着复习资料在静静地看书，很多西装革履的成年人。很震惊，也很羡慕。我不知道司考对我们这帮大三的学生意味着什么，只是觉得到了这个年级，该考这个试。而看着他们，我似乎懂一些了。如果高考是通向理想，那司考就是通向现实，通向生活。这是一个职业资格的准入考试，我们不论年纪大小职业都站在这里，成了其他人眼中的“那一类人”。第一天考完试，我回到宾馆，猪猪看着我，说你怎么一天就变成了这样？真的很累，不是装也不是假话。我相信没有经历过的人应该很难体会得到，从精神抖擞考到萎靡不振再到灰飞烟灭的状况。

昨晚和朋友聊着天，聊着聊着就哭了。感触良多，有泪可落，却不是悲凉。突然间心里憋了很多话想写出来，怕写晚了又没了感觉，怕分数出来后就再没有心情写这些和成绩无关的话。考得真的不好，能明显地感觉到就是因为复习不足的心虚，选项都不确定，但还是得硬着头皮答下去。但当昨天下午我写完满满十几页纸最终交卷的那一刹那，我有一种满足感，尽管站起来发现腿都软了，但依然感谢自己的坚持。好多同学，考了一两场后就放弃了，好多同学没有去考。其实我也在考前琢磨过，但思来想去都没有为自己找到一个好的借口。

也许更重要的是，我前几天听了一个演讲，2012 美国普林斯顿大学毕业典礼 Michael Lewis 的演讲。他说，“在人们经过逐步成长逐步努力的过程，获得成功，往往觉得成功是在所难免的，他们不愿意承认运气在他们生命中扮演的角色。也许全世界都不愿意承认这一点。”所以我抱着一丝丝侥幸的心理，想着是不是上天会对我有所眷顾，对我这样一个努力了的人，给一些小小的运气。于是我一定要坚持考完试，无论这过程多么让我崩溃。我挺庆幸自己的坚持，要不是为了想看看运气与努力的相互作用，也许就没有接下来的故事了。

很奇妙，为了印证努力的结果，好像收获了新的幸运。

好像对法律有了新的理解。真的很喜欢很喜欢，比当初报志愿时还喜欢，比之前的每一刻都要喜欢，喜欢自己选择的未来，越来越相信法律是一种关于美好生活的信仰，越来越希望自己以后能成为优秀法律工作者的一员而不是其他。也真的很愧疚，愧疚于自己曾经的轻视和不屑，愧疚于自己的浮躁和自大，越来越敬仰妈妈，和那些前辈，至少他们所经历过的司考对我来说是个挺大的难关。

前晚在听卷四录音的时候，那老师说了句话，竟让我在深夜久久不能平静。《料理鼠王》里说，并不是所有人都能够成为伟大的艺术家，而一位伟大的艺术家却可能来自任何一个角落。于是，老师接着说，“我不知道在听着录音的都有谁，但我相信你们中一定会有伟大的法律工作者。”我总说我是个理想主义者，但记得在上《柏拉图》课的时候老师说了一句：“所有的理想主义者都不可能成为真正的理想主义者，除非他们是现实主义者。”这是多么辩证的一句话。而我，好像找到了我的理想与现实接轨的地方。

我还发现了自己，依旧没有变。考场里好多提前交卷的人，不知道是因为真的胸有成竹还是不想再多待一秒。但我依然是个胆小的人，胆小到依然坚信提前交卷我会漏写什么而导致成绩不好，虽然也许我在剩余时间里改错了几道原本正确的答案。我依然是个爱哭的人，计较自己好多该拿的分没拿到，看着试题明明就记得我背过，但就是死活都想不起来。我依然是个爱面子的人，即便答得不好，做题做到脑袋抽掉，还是努力把名字准考证号写的好看。

昨天考完试回学校，我们三个女生并排走，脚步疲惫而沉重，我们笑着说，估计校园里的其他人看到我们这幅狼狈的模样，会心生疑惑，这不是刚开学么？我的头发都变得很乱，早上的马尾已经几乎没了型，却完全没有力气去管它。属于自己努力的部分已结束，剩下的结果就交给幸运吧。其实很怕出结果，尤其怕好多人看着，好像如果考不过，就是天理不容一样，别人眼中看到的成功，就只有成功而已，而对我来说，却需要努力和幸运的恩赐。

所以呢，对你来说，努力和幸运，你更相信哪一个？

我所领悟到的，应该是和杰斐逊一样，我知道幸运是成功的必备品，但我发现，每当我越努力，我就越幸运。话虽如此，还是祈祷，这次上天能给我的幸运多一些。

加油吧，每一天，都是新的战斗。

2012 年 9 月 24 日

这是乡情，不是乡愁

这是乡情，不是乡愁

好像世间所有的愁绪都跟离别有关。

我的故乡，如果不是因为离开半年后又回到这里，我一定不会像此时此刻一样这么有感触。昨天从定西回到陇西，沿着定陇公路，透过车窗，我拍了好多风景。皑皑白雪覆盖着的梯田，深深浅浅的沟壑，星星点点的农舍，还有堆在门口的成捆的玉米秆。这些景象看起来，有点遥远，又有点熟悉。当时心里想着，这里也挺美的，把相机递给了爸爸，爸爸不经意间说了句，也挺荒凉的。我的心一下子就揪了起来。是啊，挺荒凉的。但就在那一瞬间，我突然感到自己愈发地爱这里了。

去上大学，每次做自我介绍的时候，心里，都有那么一点疼，不知是为什么，每次都是努力地在争，希望证明自己的家乡是好的。记得第一次站在人大法学院 2 班的班会上，我告诉大家，我来自甘肃，那里很美，那里不只有沙漠。当然，它有沙漠，它有中国最美的沙漠，那就是敦煌。在那里，同样也有中国沉淀了千年的文化。它还是有一些美景的。我希望大家能通过我，改变对甘肃的看法。

我必须诚实，其实那么辛苦地经过高考，最根本的目的，是想离开这里。有时我都会想，自己为什么生在这样一个比较落后的地方，就为了能出去，去看看外面的世界，才给自己鼓了一把劲。这样，如果自己以后落地生根在北京，或者是某个比较有情调的城市，那么自己的孩子，长大后，就能拥有一份比较甜美和经典的乡愁。也不会在很想家的时候，突然又忆起了相比于城市的车水马龙比较冷清的街道，也不会突然忆起了灰蒙蒙的树，黄色的土。

人总是后知后觉，我仿佛就在看着车窗外的风景如同放映电影一般哗哗闪过的那一瞬间，感到了自己心底流淌的淡淡的乡情。诚然，黄土高原，不同于蓝天碧海，不同于清秀小镇，不同于冰雪王国。它的美，不是灵秀，不是细腻，不是轻柔，它的美有一点干涩，有一点苦。也许有好多人，是不能理解它的，不理解它的荒凉贫瘠，不理解它在厚实的黄土下隐藏的粗犷。有句话说，没去过西北的孩子，是长不大的孩子。想到这里，我渐渐有些开心了。用妈妈的话说，即便是我这个“四体不勤，五谷不分”的孩子，也因为自己长在基层，明白好多大城市的孩子不太懂得的道理。每次去爬山，走上那些小路，那是夏日的清晨，阳光开始渐渐明朗，照在我们经过的那片高粱地上、玉米地上，照得人懒洋洋的。好多次，在妈妈的带领下，有如探险一般的，尝试不同的小路，也渐渐知道了，哦，原来这个是洋芋花，那个是油菜花，还有辣椒花、茄子花。原来这世上的每一样东西，都不是凭空出来的，它们都有根，人，不也一样么？

是啊，就像龙应台写的书《目送》，说的是父母，目送着孩子越走越远，故乡也是吧。每次离开，身后都有多少双故乡的眼睛在深情地凝望着我们的背影啊！有爸爸的，有妈妈的，有爷爷奶奶的，有哥哥姐姐弟弟妹妹的，还有，那厚实的黄土的。

总是有那么一瞬间，我会想起很久很久以前的事，那时我还真的很小，在家属院前的无际的菜地里，捉着迷藏，捕着蝴蝶，偷摘葱苗，然后被拿着锄头的村民追赶。然而现在长大了，这些事也渐渐离我远去了，尤其是去了北京。在灯火通明的大城市里，有时会忘掉自己是谁。在那里，没有夜晚，只有喧闹。回家后的一晚，和同学聚会迟了，约是十点多，两个人走在陇西的街道上。突然惊异于黑暗和安静的重合。刚开始还是有点害怕，心里有些打战，可是慢慢地，也能体会到迟子建所写的“黑暗的柔情”了。

像所有的学生一样，在学校里，我也极力地宣传，仿佛我的故乡就是一道需要隆重推出的大菜，等着他们每一个人一一品尝。每当他们怀着惊叹的神情，说，真的啊，有戈壁？有胡杨？有祁连山的雪水？有沙漠？心里总是很开心。可是我也知道，故乡始终是不完美的，如果你在这里生活了十几年，几十年，甚至一家人世世代代都蜗居在这个小镇，也就习以为常了。那些水沟里的污水，那些会随风飘起的塑料袋，那些不太干净的街道路面，那些有点邋遢的垃圾桶。这也许就是我一开始有一点心疼的原因吧。可是，这又能怎么样呢？毕竟它赋予我的东西，已经不可磨灭地刻进了我的生命里，不可改变了，有热情，有豪爽，有大气。

黄昏的时候，站在鼓楼的不远处，那个距离，刚好够我仰视它，还是能听到风起时楼顶四角叮叮作响的风铃，还能看到习惯绕在鼓楼周围的成群的乌鸦，还能看到这个古老的城楼的落寂。是的，我也终于明白，原来故乡给我的一切，不是乡愁，而是浓浓的乡情……

2010年2月18日

河流上游的颜色

今天上大汉课，来的是王以培老师。他随口问我们，知不知道，河流上游的颜色。

可能是经历过了太多正经刻板的课程，高中时候的文艺气息早已经悄悄从身边溜走了，我们听到这个题目，所有人脸上都是木然的表情。

老师笑了。他又问我们，觉得北京这个城市像什么。他说，北京，像一条汹涌的河流，可是，它的上游却慢慢消失不见了。

他说自己写过一篇童话，题目是《小巫山》。那是一个小女孩，从家乡巫山独自来到了热闹繁华的大城市。人们都叫她“小巫山”。她并不适应这里的生活，每次看着川流不息的车辆，她就会感到内心一阵阵恐惧袭来。每天晚上，当她站在窗前，看着外面阑珊的灯火，就会不知不觉地流下泪。然而说也奇怪，每当这个时候，她总会在泪眼中，看到一座巫山，慢慢地向她飘过来。一个白衣女神总会出现，告诉她：我们就在你身边呢，别怕。也就只有在这个时候，她的心才能安定，也只有这样的夜晚，才完完全全地属于她自己。这泪眼中的巫山，成了她心里的小秘密。每天晚上，她总会在那座巫山上，洒下树的种子。虽然每一次，当她停止哭泣的时候，巫山就会消失，但那些树的种子，却在眼泪中疯长了。就这样年复一年，女孩每天挤着公交车，她伸出手，就能摘到那树上的橘子了。车上的人当然不知道发生了什么，只是觉得这个小姑娘定是受了什么打击，哭哭笑笑地对着车窗外。渐渐地，女孩长大了，她越来越熟悉这座繁华的城市，她的工作也大有起色，她也出落得愈发美丽动人。又是一个夜晚，她因为要出差而搭上了夜晚的航班。飞机起飞了，她不经意间瞥了一眼身下渐渐消失在视线中的城市，突然发现，这座原来繁华陌生的城市，看起来，就像是那座泪水中的巫山。而她自己，不就是那位白衣女神么，用柔软的爱怜的目光，俯瞰着这巫山。想到这里，她突然笑了。

这个童话故事就这样结束了。最后，女孩终于战胜了自己，接纳了这个她生活的城市，感受到了幸福和宁静。

而我们又在这故事结束的时候，陷入沉思。多少次，当我走在北京繁华的街头，看着那一栋栋的高楼和琳琅满目的物品，会突然怀念起家乡那片黄土地，那片能不断地给我们能量的坚挺的土地。多少次，我发现在这里生活，会让我渐渐忘了自己到底想要什么。多少次，当我发现自己被它潜移默化地改变了时，也说不上是高兴还是失落。

身边的人也都是那样，我们都试图在这里找到自己的位置，找到一种关于家的归属感。可是，多少次，也许是我们为赋新词强说愁，也许是我们有着青春时期特有的敏感的思绪，我们会觉得这里不像家。周围的人见面都很亲热，遇到困难却不知道该找谁；即便是朝夕相处的人，心里的设防你却永远都不知道。那天万悦跟我说，每次，当她把电脑、书等等所有的东西都背在书包里时，她就觉得整个家都被她背在身上。很多时候我们有这样那样的情绪，可是周围的人也会因为这样那样的原因，对你的情绪视而不见。

也许我们就像是那个小女孩，看到了繁华的北京像一条汹涌的河流一般地流过我们身边，却忘了从源头处汲取力量。

很多时候不想和别人争，别人却处处当你是竞争对手；有的时候掏心掏肺地跟别人说了心里话，别人却像对待机密情报一样，心中窃喜你的大意，还会告诉别人你有多愚笨。

可是今天，突然明白了很多。我从来都没有认真想过，河流上游的颜色是什么，到底是什么样的力量，才能滋养出这样强大的生命力。

也许，河流的上游，是从大江南北汇集来的情感和坚持。也许，河流的上游，是对亲人对家对黄土高山绿水的思念。也许，河流的上游，是从爷爷奶奶那里听来的古老的故事中的灵感。也许，河流的上游，正是那一簇簇一段段一片片的记忆，让生命得以重生。

我觉得自己也不太愿意跟别人争什么，但有时候又觉得自己实在很要强，什么都想要。其实这么说来，生活在北京这个城市，却又是再幸福不过了。

那天青跟我说起他的梦想。也说起当他很犹豫时一位老师告诉他的话。

他问老师自己到底该不该出国。

老师笑着问他："那你说，从长春来北京，你后悔吗？"

他说："我不后悔。"

老师又问："那，年轻的时候，让你从一片小天地，走出去看更开阔的世界，你觉得你会后悔吗？"

他突然就懂了。他还笑着说起，他给老师说，出国费用很高，他不想让父母操更多的心。

老师就说了那么一句："如果你是好男儿的话，你就应该敢担起让你家人过得幸福快乐的责任。"

电话就那么挂了。但他说，现在想起来，心中还是热血沸腾。

我又何尝不是呢。如果问我，让我从甘肃来到北京，让我从陇西一中来到人大，后悔过吗？我会很坚定地说没有。

突然发现一切迎刃而解。

也许河流上游的颜色，正是因为我们不知道，所以才值得那么努力地思考。也正是因为我们每个人都不同，看到的颜色，自然也就不会一样。

就像那个“小巫山”，来到这里是我自己的选择，我从来没有后悔过。我会想家，可是我也知道，家永远都不远。北京，又何尝不是我的家呢。

现在的生活也很好，虽然周围的人都忙忙碌碌，但还是会有贴心的万悦、后吧吧、靖远等等和我一起吃饭、自习、上课、聊八卦。虽然大学的友谊变得越来越珍贵，但身边还是会有老大、青哥、老五这个团队无怨无悔的陪伴。虽然每天学习任务很重前途又渺茫，但我还是乐在其中优哉游哉地享受着属于我的每一刻。虽然觉得专业课晦涩难懂老师奇奇怪怪，但我还是在这看似什么都没有的环境里慢慢磨炼出了独属于法律人的小骄傲。虽然有时会突然很想爸爸妈妈爷爷奶奶哥哥姐姐，但一个电话一堆短信一会儿视频给我的温暖足以抵御整个寒冬。

这些我都不曾后悔过。这些我都还坚定着。

河流上游的颜色——我的勇气，就是找到你。因为你，让我觉得自己，从来没有离家远过——每当我被照顾被关心，每当我照顾别人关心别人，每当我想要放弃又最终在犹豫中坚持下来。

我好像都能看见你，在泪光、思念、记忆、温暖、感动等等编织出的故事里，我能看见，河流上游的颜色，闪耀着金灿灿的光，照耀着所有在外努力奋斗的孩子们，让他们的心，因为这束光芒，变得温柔，坚定。

P.S. 所有在外奋斗的兄弟姐妹，大家加油！

2010 年 12 月 23 日

腊月情怀

三百六十五天漫长的等待，年末又到了。虽然还在上学，却早已被这浓浓的节日气氛所包融。弟弟妹妹们放假了，隔三差五地打电话问我是否健康，可听着听着才摸透他（她）们话中的中心思想是盼着我早点放学，去找他们玩。

忘了从何时开始，街上也会偶尔听到几声炮响，不是很多，却很响亮，定是那些调皮的男孩们为吓唬胆小的女孩放的。我也是身受其害，在路上走着，猛一低头发现脚下有炮，还来不及捂耳朵，炮就炸开了，气得我眼睛瞪得像滚珠，四下寻找那些讨厌的男孩子。然而随着新年的接近，爆竹声渐渐多了起来，仿佛在新的一年一定要炸出个好运气！

不得不说起街市的变化了。虽说不是大红灯笼高高挂，却也算得上是喜庆倍至了。服装店里的过冬小棉袄让人眼花缭乱，有的小巧精致，有的高贵典雅。更有些店里甚至挂上了春季服饰，这也足以体现，在人们心里，春早已来了。

超市里的人更是不亦乐乎。过年了，碗碟筷勺自然成了最抢手的东西，饮料、副食也很畅销。其实人们也不知要买什么，只是看见东西就大把大把地放入购物车里，可能是为了买一个好心情吧！虽是寒冬，看着人们提着大包小包从超市中走出来，脸上还洋溢着幸福的微笑，身子也不由得温暖了。

腊月对我来说，还有一层特殊的意义。爷爷的生日在腊月，他每年过生日，我都会为他亲手做一件生日礼物。虽然在精品店中有很多新玩意，但我不愿去看，只怕缩小了我的想象力，更不愿去买，因为亲手做的才更有意义。每次，爷爷都会摸着我的头说:“倩倩真能干，手真巧。”于是，在新的一年里，我都会被这种幸福浸透。

临近腊月，家里亲戚总是在晚上聚聚，大姨、二姨、小姨等，好多人！腊月，一年的结束，又承接着新一年的开始，无法让人不感慨。每个腊月，我都会怀着别样的情怀思考：爆竹会变很多花样，时尚也不可能原地滞留，爷爷也会老，而我更要迎向又一个明天。我欣然，腊月后又是一个新的起点，又将迎来一个新的挑战，那在过年气氛中忙得不亦乐乎的人们，亦是在为新的一年做新的准备。我默然，不一样的三百六十五天，不一样的腊月情怀，已被定格在我的记忆中，化作一股动力在奔涌。我坦然，或许应该给自己一段回忆，承载着过去的点点滴滴，放时间一条生路，也给自己一个从容离开过去的理由。腊月过后，又是一条新的征途！

2007 年 1 月

月圆心上秋

记得高中的时候，看到过一句话，大概是这么说的，“何事合成愁，离人心上秋”，好喜欢它对“愁”字的解释，心上秋，心里的秋天，有点萧瑟，但总是象征着成熟的。这么一想，就颇有成长的意味在里面，就并不真的愁绪万千了。

今天是中秋，突然就想家了。月亮圆了，心里也是秋天了。今天总是干什么都觉得无聊，打不起精神。宿舍里堆满了月饼，却一块都不想吃。心里像爬进来了一个守望月亮的小兔子，想着天的那边，在家的方向，看到的会不会是同一轮圆月呢？这几天的北京，一直不间断地下着雨，下得我心里都湿漉漉的，但我却真的喜欢这雨天。每每在下雨的时候，我才觉得，雨水从树叶里泥土里透出来的气息，像极了家里的感觉。有了雨水，就像有了人陪伴一样，撑着伞走出去，即便是匆匆的脚步，也不会觉得疲倦了。

现在一个人待在宿舍里，放着喜欢的歌的单曲循环，静静地想，你们都在干什么？那轮圆圆的月亮，是不是也挂在你们心里的秋天了呢？最近的我，总是慢慢而清晰地感觉到自己在长大。是呀，夏天秋天，成长蜕变的电影，会是这一辈子做不腻的事情。去年刚来这里的时候，我迷茫过，现在我找到了自己的方向，却发现要做的事情有那么多。有点累，有点力不从心，妈妈说，我这是缺少耐心，并不是一下子，就能把每件事情都干好的。然后我就懂了，我很慢，至少我很努力。而我所要追求的状态，只不过是：努力奋斗，调整心情，不被别人左右自己的决定。

笔钝了，所以有点语无伦次，有点想家，想爸爸妈妈，想亲爱的朋友们。今天晚上和小猴子去吃饭，就在想，在同一个地方上学的人，至少想见了，需要帮助了，他总会出现。那么我们相隔万里的人呢？是不是每个人的身边，又会有一群另外的朋友陪伴着。今天的状态，多少有一点慵懒，可我只是懒于思考，并不是懒于想念。爸爸妈妈，兄弟姐妹，爷爷奶奶，以及我所有的亲人，还有我亲爱的朋友们，如果原来的我，因为腼腆，因为羞涩，从没有开口说过一些内心的想法，以至于错过了好多事，以至于，你们都不知道我究竟在想些什么。那么我想，是时候说句，我想你们了。真的，就在这样一个瞬间，我才发现，你们是我生命里最最真实的幸福。

我知道，我们都在努力，为了自己的家人朋友，为了未来明亮的人生。

月圆心上秋，心里的秋天，没有落叶，落下的都是想念。升起的圆月里住的也不是嫦娥、玉兔，而是我想要努力守望的幸福。

2010年9月22日

甘肃，请你为了我们，好好加油！

从来没有像今天一样，对我的家乡有如此强烈的感觉。甘肃，因为舟曲的泥石流，在最近的新闻上，频频出现在大家的视野。今天早上看着新闻，觉得天公真是不作美，接连的暴雨又阻断了救援的道路，好不容易疏通的堰塞湖又因为昨晚和今早的暴雨再度形成。我内心掠过一丝悲凉，慢慢地思考起我的家乡——甘肃的一切一切。

前一阵子去了渭源、临洮还有甘南的九甸峡，都是放在全中国是绝大多数人不知道的小地方。中午看完新闻后，翻起了那次游玩的照片，心里却越发堵得慌。人人都说甘肃是贫瘠的，甘肃的地上只有黄土。可是我明显看到，那高耸的青峰，遍地的绿草，

随处可见的放养的牦牛，偶尔伸出一条小径，是红色黏土的路，在一片广袤的绿地中、蓝天下，蜿蜒成一道风景。它的名字是黄香沟牧场，又称双石门。有几股清澈的急促的水流，在小树丛中冲出来，河底满是各式各样的碎石。是的，它的名字是双石门，是因为进入这个地方，要经过两个石门，游人需要趟水而行。第一道石门距第二道石门很远，那是一种空旷的远，无论从哪个方向，都看不到尽头。这段路上，往往是说下雨就下雨，这儿的天气只能用阴冷来形容。没见过的人，也许会感叹于这样的美景。可是，当我从里面走出来，坐着车经过周围的村庄时，才感受到这景观之后的穷困。好多游客，自带帐篷，图个好奇在里面露宿几夜，只是为了体验一下从未有过的生活。可是，住在那山脚的人，却得世世代代忍受那漫长冬季里的阴冷，别人没法体会的，那连续一整月的冷雨所带来的阴霾，只是那空旷天地中只有几户人家居住的孤寂。

接着，我们又去了九甸峡。九甸峡位于甘南，是新建的水电站。在去往它的路上，我经历了长这么大以来对自然界产生的最大的恐惧。我从没有想象过自己会过那样的路。山路虽是油好的，可却异常狭窄，而两边夹着我们的，就是那险峻的高山。因为那山太高太险了，让我有一种被压得喘不过气的感觉，就好像你从这里进来，你会慢慢地看不到你回去的路一样。山路还绕了很多弯，而弯道往往又很险，坐在车上不免有眩晕的感觉。好不容易，到了九甸峡水电站。先看到的是挂在山体上的几个大字：九甸峡水电站。然后，就是那水库里蓄着的一潭静静的绿莹莹的水，很静却很深邃。我回头望，才发现对面的整个山体，都是被金属网网住的，就是为了防止发生泥石流和山体滑坡等灾害。惊叹之余，我们开始回城，沿着洮河，去往临洮。从来没想过，河水有时会几乎平行于我们行驶的道路，有时又会在那高高的悬崖之下。我感叹于大自然的鬼斧神工，也开始渐渐崇拜自然的力量。

可是直到今天，我才回想起那天的种种，那些地方，与曾经的舟曲多么地相似。舟曲，和它们有着相似的地形。每天看着新闻，随着这次的泥石流事件，舟曲才慢慢地被大家所熟悉，大家终于知道，这个小县城，有一条白龙江，有一个美丽的外号——“陇上桃花源”。

我喜欢我的家乡，所以我知道这一切切都发生在这里的时候，心，被揪着疼。甘肃不富裕，甘肃儿女之间的心都连在一起。我们都希望不要再下雨，都希望生命之上有幸运之神的眷顾。

我喜欢我的家乡，可是我希望它做得更好，我希望它为了这些在它的热土上挥洒青春的儿女们和我们这些奋斗在外的儿女们，努力加油。

甘肃，请你为了我们，做得更好。我从来不认为，那些只坐在新闻演播室里的新闻人是好的新闻人。因为了解你，因为去过太多让我感触颇深的地方，我才知道，原来所有原生态的美丽外表下，隐藏的是灾难企欲撕开的伤痕。我们需要建设，我们需要发展，我们需要克服一切的自然限制，去创造本该属于我们的幸福生活。

谢谢所有为了甘肃舟曲献出爱心的人，只是我长大了，甘肃的儿女成熟了，我不再纯粹地为一个赈灾晚会而感动，因为我更相信，我了解的你，比其他人的帮助，更需要的是自己的崛起。我相信，每一个甘肃的人，都会以生长在这片土地上为荣，他们都会用心浇灌自己的根。

站在黄河铁桥的中央，我看着黄河水奔腾而去，仿佛整个城市也随它远走。我想，就如同上帝总是特别眷顾某些人一样，它也许会比较眷顾一些地方。也许并不是在最优越的自然环境下，可是，勇敢的心，总是不该有所畏惧的。

甘肃，请你为了我们这些儿女好好加油，我们会站在你的身后，为你灌输血液，为你创造辉煌，为你搭起我们所能达到的神圣的高度！

2010年8月12日

灾难，不是笑柄

果然是这样，哀悼日过了，关于值不值得哀悼的口舌之争也渐行渐远，再也看不到了。哀悼日当天，看到了好多篇日志，情绪之激愤，让人难以忍受。但我想，人不能在冲动下做事，因为那样容易犯错，容易偏离轨道。所以，过了这几天，我也冷静下来，慢慢地思考了这件事，觉得还是有些观点需要表达。

诚然，我是甘肃人。家在哪儿，心之所向便在那儿，听到别人对我们同胞的生死如此冷漠，还是咽不下这口气，但我总该找些依据，让自己为之而气愤，气愤得言之有理。在那林林总总的文章中，有很多的标题，诸如“被哀悼”、“全国哀悼日，请给我一个理由”之类的。总是有很多人看似有很多怨气，精通很多知识，具有高深的民主思想，来为这个社会的构建呕心沥血地拼命提着建议。可是仔细看了看，大家都在讨论的，并不是这个哀悼日怎么了，而是，今天我摘不了菜了，今天看不了电视了之类的。可能，大家都会有这样的疑问，为什么汶川地震遇难了十万人，会同舟曲的一千多人，都处在全国哀悼的范畴之下。简单地讲，放在一个家庭来说，一个人的离去，都会是这个家庭难以承受的悲痛和苦难，而对于我们的国家来说，一千多人，绝不是个小数字了。大家总是在争辩，说这场灾难是天灾还是人祸，可是却忽略了真正的核心——这是场灾难。灾难，不论何时，都不能被拿来当做笑柄。我们的同胞已经受了灾，在那一天我们只需要静静地表达我们的哀悼。至少，就像某人说的，在那一天，我们内心的痛苦总该强过我们的不满。

生活中，我们的亲戚、朋友，要是哪一家出了丧事，我们总该去吊唁的，不去，便是失了大礼。如今，我们的一千多个同胞失去了生命，我们是中国人，我们是一家人，难道我们就该问：全国哀悼，请给我一个理由？这不就像你去了刚失去亲人的朋友或亲戚家，看着他们一张张悲痛的脸，还恬不知耻地问：为什么要吊唁，请给我一个理由？我并不反对大家对于哀悼日这个问题产生理性的思考，也许真的是这样，我们近几年经历了太多的哀悼日，让人觉得麻木了。也许大家觉得有很少的人遇难，国家也要举行全国哀悼，便有些哗众取宠的意味。这应该是涉及一些法律的问题了。在我国，不管是哪里，一旦发生一次性死亡十人以上的重大事件，都必须上报国务院。全国哀悼日目前应该算是我国一项重要的政治惯例，但缺乏相应的法律的规范。我们已经进入了公民社会，强调以人为本，而最重要的，莫过于公民的生命权。国家会掌握一个底线，即什么样的程度才能定位为全国哀悼日，这个底线不会是十万。

那天，我还看到好多留言，很多是自己的朋友。留言的大意是说，甘肃是个穷地方，是他们自己要模仿大城市建高楼，就因为这人为的原因发生了灾难。还有的人，将《南方周末》中关于舟曲的报道进行节选，断章取义地说《南方周末》明指这样的灾难是人祸。是的，人为原因必然有，我看到由于后续资金不足，泥石流正是从那个未完工的拦渣坝上倾泻而下。也许真的是这样。比起哀悼，有很多实际的事等着我们去做，可是，在今天，我们注重物质文明，同样也要注重精神文明。

中国是一个这么大的国家，幅员辽阔，自然资源丰富，可是那自然资源都在哪？是啊，所谓的先富带动后富的意思就是，你们去发展，然后我们在这里为你守着自然资源，守着宝藏，守着疆土，守着我们源源不断的赖以生存的支柱。新疆的西气东输，让多少大城市的发展铆足了劲。甘肃金昌——“镍都”，小平爷爷都说过，那是“中国的金娃娃”，那些大城市里流行的手机、汽车，它们的芯片零件，哪一个不是从这些稀有资源中来的呢？藏区的阿里，高寒阴湿，住在边境线上的一家人，因为受不了那样的环境想要搬离，却因为政府“你们在那儿，那儿就是中国的疆土，士兵们就有盼头”而留了下来。甘肃的酒泉卫星发射中心，为什么要选在那里，难道它对当地的居民没有影响吗？肯定会有，只是国家需要一些人无私地奉献。想一想，有多少资源被输送到大城市，来维持我们国家的正常运转。不能说，只有大城市的人民才算人民，舟曲的人民就不是人民。如果经历过这么多奉献的年代，经历过这么多磨难，如果说在大城市歧视小地方的贫瘠落后的时候，我们的国家也如同一个自私的母亲，只偏袒那些能干的孩子们，怎么可以呢？所以，贫穷落后的地方需要国家更多的关怀。

人总是这样，灾难离自己远的时候，觉得这事可大可小，一旦到了自己身边，就会呼天抢地地寻求帮助。那些叫嚣甚欢的人，必定是没有经历过什么是苦难，没有见过黄土、贫困，以为自己义正词严地在进行一场关于民主的争辩，想要引领国家进步的方向，却不知早已偏了题。他们讨论的核心已经不是哀悼日是不是需要进一步规范化、法律化的问题，而是凭什么要让他们承受他们丝毫感觉不到的同胞们的死亡的悲痛。我不反对在任何时候有反对的声音出现，因为有争辩才有真理，有真理才能进步。可至少，我们得捏紧了题。至少，有些时候，我们需要沉默。哀悼日是我们需要对自己同胞们的亡灵安抚的时刻，我们需要痛定思痛，但不能不合时宜地拿着自己不情愿的心态当旗帜去践踏生命的尊严。

其实每个哀悼日，都很符合中国的民间传统，都是在灾难发生后的第七天，为他们哀悼。今天看到报道，舟曲的县委书记说，舟曲拟在原址重建。我不禁苦笑，其实，大家都知道，很多的地方，真的不适宜居住，真的有太多太多的安全隐患，可是能搬去哪儿呢？去大城市么？有个朋友说，他听到他们说这灾难就是重来十次，舟曲也只能重建十次的混账话时，难过得要死，可是，这又何尝不是句实话呢？

哀悼日已经远了，可是我们都深知，自然的力量是无穷的，我们有的时候没法抗拒。如果再加上些人为的隐患，灾难往往不可避免，不知道以后还会不会有这样的悲剧，希望没有！可是，生老病死总是人生的常态，不管什么时候，我都真的希望，身边的每一个你，都能尊重生命。哀悼的时候，请诚心，必要的时候，请沉默，很多问题不是你说一句话就能改变了的。都是中国人，都有中国心，都要为了国家而努力奋斗。灾难，无论何时，总不能被当做笑柄，人心都是肉长的，为他们祈福哀悼，这是我们应该做的事。

祝一切安好，希望逝去的同胞们能安息，而我们能齐心，不做愤青，做个能真正针砭时弊的人。

为天地立心，为生民立命，为往圣继绝学，为万世开太平。我，虽不能至，然心向往之。

2010年8月18日

中国加油

2001年的7月，那个不眠之夜，在五彩缤纷中，凝结了一个辉煌的时刻：一声“我们赢了”，激荡起晶莹的泪水，在无数黑色的眼睛中，尽情诉说。

从那一刻起，我就拥有了一个很大的梦想：期待奥运，中国加油！因为我们将在期待中相约，那一个梦想也将会幻化成奥运五环的颜色。

走进神圣的蓝色之环，我梦想着将繁荣传向世界。于是我看见波纹层起，水藻繁盛，蓝色的鱼游在其间，若隐若现。前方，有一个蓝色的龙门。它游过来，轻轻地告诉我：“我是贝贝，让我带上你的祝福，跳过龙门，将它传向世界吧！”是啊，请你带上繁荣与收获，让全世界的人都事业有成，梦想成真。

走进沉稳的黑色之环，我梦想着将欢乐传向世界。于是我看见雾漫清晨，竹林幽静，憨态可掬的大熊猫在其间游玩。前方，是更大的竹山竹海。它走过来，轻轻地告诉我：“我是晶晶，让我带上你的祝福，走向竹山，将它传向世界吧！”是啊，请你带上欢乐与诚恳，告诉全世界人民，你是中国的国宝，是为世界的幸福而来的！

走进热情的红色之环，我梦想着将激情传向世界。于是我看见一团红色的圣火由雅典传向中国，又将在2008由中国传向世界。它蔓延过来，轻轻地告诉我：“我是欢欢，让我带上你的祝福，走遍世界吧！”是啊，请你带上运动的激情，去传递更高、更快、更强的奥林匹克精神。

走进幸运的黄色之环，我梦想着将健康传向世界。于是我看见辽阔大地中，一只藏羚羊机敏灵活、驰骋如飞，向广阔的远方奔去。它看见我，轻轻地走过来，“我是迎迎，让我带上你的祝福，奔向更加辽阔的世界大地吧！”是啊，请你带上健康与绿色，去带动整个世界的活力吧！

走进清新的绿色之环，我梦想着将喜悦传向世界。于是我看见北京上空，云淡风轻，一群沙燕展翅飞翔。它飞过来，轻轻地告诉我：“我是妮妮，让我带上你的祝福，飞向更蔚蓝的天空吧！”是啊，请你带上春天与喜悦，在飞过之处播撒“祝你好运”的美好祝福！

神圣五环，让同一个世界，拥有了同一个梦想：相约 2008，中国加油！这是一个世界的期盼，这是一个民族的执著。追求的过程和岁月的热情，早已将神圣的五环，刻在我们每一个人的心窝。

相约 2008，我们用成长迎接圣火；相约 2008，我们用理想坚定执著。祝福北京，我们的信念是美丽的花环；祝福北京，我们的梦想是心灵的赞歌。让我们张开双臂，在 2008 的北京，拥抱奥运，拥抱世界！

奥运成功，中国——加油！

2006 年 12 月

忘记时光
记得你

路 过

若能不去遗忘，只为纪念，只感温暖，那我宁愿，海阔天空，在勇敢以后，转过头，淡然一笑。因为在那十天里，我经历了最真实的路过，路过了最美丽的真实。

——题记

2007年8月15日—2007年8月24日，是我独一无二的军训生活，开始的时候很匆匆，结束亦然。那是一个用快乐交织起来的梦，似流水宛清风，我们用微笑，灿烂了整个夏天。

心海阳光

期待已久的军训就要开始了。我穿着迷彩服，大步大步地走在路上，心中希冀着下一站，有一个不一样的路过。

不知什么时候喜欢上了穿迷彩服的感觉，风从袖口衣领吹进

来，仿佛感受到了阔别已久的释然的心情，就像是轻轻拂过心尖，让我的心也莫名地柔软起来。不一样的绿色夏天，教给我们的，不会仅仅是柔软了，我想。

敞开心来，迎接挑战，心中被大把大把的阳光洒满。

并肩同行

忘了曾经独自走出失败的阴影，忘了曾经独自享受成功的喜悦，忘了我们是一个一个单独的个体，在这里，我们是一个团队，是不可分割的。是的，因为生命是不可分割的，所以友情最美；因为友情，所以我们感动；因为感动，所以我们承诺：携着自己最真的心，并肩同行。

我们做得很棒，不论做什么。第二天一早上进行的齐步训练，在中午就征服了所有的教官，他们为我们连声叫好，那时心中荡漾的满是快乐和自豪。第四天早上为全级的学生表演，用他们没有的整齐与自信，仿佛在这个舞台上，我们就是真正的赢家。第六天为八班的小教官表演了拳术队形散开，看完后，他将帽子压得低低地戴在头上，什么也没说就回去了。“这就是超级教官带出的超级学生的超级效果。”教官说这句话的时候，脸上总是洋溢着自信的微笑。是啊，我们和教官并肩同行，所有的快乐和荣誉都一同分享，我们边走边绽放一路的精彩。

教官惩罚我们的方式是让我们做俯卧撑。每天最恐怖的时候就是听见教官一声坏笑，然后大喊一声 “俯卧撑预备！”我们极不情愿，但同样无可奈何，那真是对生命的一种考验，我觉得自己都快要痉挛了，但是还得撑。在这里，没有个人。一个人的腿着地，我们所有人就要又多增加 50 个俯卧撑的负担，虽然有时会有人撑不住，让我们所有人都受罚，但是没有人会抱怨，因为我们都知道，没有人愿意让自己的同伴多受苦，每个人都在坚持，坚持。我们还是挺过来了，因为我们并肩同行，一起接受挑战。

彼岸花开

军训的最后一天，没有人会用“终于”这个词。早上我们拿着相机，疯狂地记录下这属于我们的一刻，被照片记录的我们，用淡定的微笑告诉自己长大了，收获了，不再是以前傻乎乎的小孩，变得 strong 了。下午的会操，是我们对教官最好的回答，是我们对这十天最好的收尾。我上场前很紧张，但我从旁边的一阵阵喝彩声中知道我们的表现很出色，我们都快喊破了嗓子，是啊，我们的斗志，我们的冲天豪气，都被我们喊出来了。我们用了十天的时间，到达了又一个彼岸，“不抛弃，不放弃!”这是我们学到的最珍贵的东西，就如同我们每天训练完都要用尽全身力气喊一个“杀”字一样，任声音回荡在操场，无畏无惧，荡气回肠。我们站在这十天的末端，看到了彼岸花开。曼珠沙华，生长在三途河边的接引之花。春分前后三天，春彼岸开；秋分前后三天，秋彼岸开，因为准时，被称作彼岸花。彼岸花开，仿佛接引着什么，我们的路过，见证了它。

铭记路过的灿烂

军训结束了，在一个平常得不能再平常的下午。我发现，自己竟然没理由地伤心起来，因为对我们来说，这不只是军训，而是一段值得我们去铭记的时光，值得我们去思索的路过！以前很多时候，我们人人都想凸显自己这座山峰，于是中间便形成了沟壑。但在这十天里，我们成了一个整体，所有人都无语不谈，所有的事我们都一起承担，为了能赢得第一，我们齐心协力，一遍又一遍地反复练习，没有人有怨言。我们和教官成了很好的朋友，所有人都在享受着这个夏天绿色清凉的快乐，这就是军训给我们的独一无二的感觉。人是有感情的动物，才发现，曾和我们朝夕相处了十天的教官，连同我们大家一起度过的日子，可能会永远地从我们生命中消失，就路过这一次，不再重来。这是属于我们的第一个绿色夏天，也是独一无二的一个，可是在这个夏天，我们就要说再见。在这个夏天，我们会不想出去只想躲在家里偷偷地翻照片。是不是现实永远都是这么残酷，会让你在不知不觉中习惯，却又在你习惯后，将你的习惯夺走，是不是在那十天里，我们和教官已经成了不能分割的集体了呢？难道人的一生都是不断的路过、邂逅，然后结局终将是离开吗？

没有人拥有地图，自己又身在何处？

没有经历过的人不会懂，那不是一种可以说得清的感情。不会是你说了停止就不再继续的路，我们天天都在向前走，也许美丽的人生就是这样路过着，路过春夏秋冬，路过喜怒哀乐，路过岁月中一首首动听的歌，路过一段段生命中最美丽的真实。蓦然回首，看着从前发生的一切，十天，是不是可以构成一个小小的世界，只属于我们的世界和梦想。小小的世界，有最坚定的纯真；小小的梦想，有最不变的永恒。这就是军训教给我们的：坚守，团结，执著，追梦。

我无法预言，因为相遇太突然，离别太匆匆。但是，当我转过头，看着身后那个小小的世界，看着里面一幕又一幕安静地上演，看着那在地球的深处被称作最美丽的真实，我心中默念，我们会永远记住那些人，那些事，还有属于我们大家的夏天，还有所有我们路过的灿烂……

2007年12月发表于陇西一中校园文化丛书《灵动的校园》

健——同桌的你像童话

不是我说，健，我刚见你的时候真的很失望。我就想啊，完了，这高中三年，我就要这么度过。倒不是因为别的什么，你刚开始的那个态度，真是让人受不了。我就上课看个你的笔记，又不是故意的，我眼睛视力不太好，你就本本(方言，意为“一本正经地”)地跟我说“我不喜欢别人打搅我”，我当时就崩溃了，天底下居然有这么不讲理不绅士的男生。记得高一那会儿，咱们还真是天天“打架”，真有些性格不合的趋势，经常因为一点小事情，就面红耳赤的。现在想来也是，当时都觉得自己是最能干的，结果遇了个比自己还自恋的，后果可想而知。不是我说你，你一个男生，就不能让着我点。不过俗话说得好，不打不相识，咱们后来还真成了无话不谈的好朋友。你这人比较稳重，比较懂理，比我理智。我很多时候大有翻江倒海之势去鼓(方言，意为“欺负”)没惹我的人，还是被你给拉住了，这也让我少得罪了不少人。反过来，我好像倒是没给你太大的帮助，就是你每天有了可欺负的对象，也算是比较快活的事。你常常说，我糊里糊涂的，我却总是不信，直到我一天写作业，发现笔袋里的笔全空了，更夸张的是我的笔从桌子的这边跑去了你的那一边，我有点郁闷地看你摇着头，后来去十四班，那个同桌也是这么个评价，真可谓是当头一棒。

我原来也想，拿什么歌来形容你呢，就想起了你第一次唱给我的《童话》，客观地说，你的嗓子还真不错，很让人陶醉的，前提是先不要看你的脸，哈哈，玩笑。然后就有了《约定》诸如此类的光良的很抒情的歌。直到有一天，我从《童话》里惊醒，是因为你那首擎天撼地的《死了都要爱》。这不是我的偏见，全班同学有“耳”共睹。再加上个《反转地球》，我就从彻底无奈，成了彻底被要命。我的身心饱受摧残，无奈乎？Yes！呵呵。虽然只是这样简单的诸多欢笑和摩擦，却还是让人不舍。去了十四班后，还是会幻想着和你一起当同桌，留下了一班这棵大树，飞走的是我这只小鸟，心里还是很感伤。不过我们的友情却还是耐住了短短时间的考验，这是让我最欢喜的。你送给我的霸王蝶我会收好，也学着像它一样，蝶舞沧海。当然了，你教给我的题，讲给我的道理，我都是不会忘的。

最后再麻几句，我们的友情就像童话故事里的一样，让我觉得很幸福。高考总算是结束了，还没来得及打电话给你，不知你是否还好。不过请相信我，我们是努力过的人，肯定会得到属于我们的结果，我为我们默默地祈祷，愿我们都能实现理想，希望我们的友谊地久天长。

健，谢谢你，谢谢，我会永远记得你小小的眼睛。

健，谢谢你，谢谢，我会在某个午后想起同桌的你。

健，谢谢你，谢谢，没有分别，我们依然会是挚交常往来。

不知道你看不看得见这篇文章，但我还是在默默地祝福，默默地感谢，你现在感觉到了么？

2009年6月11日

时光的旁白

上大学之后，再也没有所谓的同桌之说了。座位随意，同学随意。于是，在某个窝在自习室看书的夜晚，会突然想回到那些年有同桌的日子。老狼的《同桌的你》，至今听着仍有时光的味道。同桌，是一个多么亲切的字眼，关于青春，关于友谊。曾说好高三毕业后要给每一个身边的朋友写一篇文章，却匆匆忙忙地只完成了四篇，仔细一看，却发现三篇都是自己的同桌。明天你是否会想起，昨天你写的日记？而我会永远记得，同桌的你。

剑虹——有没有一首歌会让你突然想起我

我准备从同桌开始写，所以我想到了你，一个笑起来甜甜的女生。我不能否认我刚去十四班的时候是孤僻的，我不愿跟别人说话、交往，甚至连待在那个班里都会有厌恶的感觉。我也很喜欢自己一个人坐着那个小桌子，没有人打扰。我耳朵里塞着棉花，不愿听见周围一切嘈杂的声音，脑子里只是回想着卢老师告诉我的，不要管别人怎么说，不要……我以为就要这样过完我的高三了。可是那一天，班主任抬走了那个小桌子，在当时，几乎就是抬走了我唯一的快乐。

我的旁边多了你。你一开始就对我很热情，可是，对不起，我并不是那样对你的。你把书放在中间，我只是坐得远远地看；你碰一碰我的橡皮，我竟是满心的厌恶。不知道自己为什么会变成那个样子，你，会原谅吧。是在那一天，你拿来家里的桃子，竟把那最红最好的给我，我心里的坚冰就是那样被慢慢融化的。我不知道自己为什么那么狭隘，为什么那么不近人情，不知道，也许当时的心情，放在现在我也不能理解。还记得吗？那次班上的同学派你当代表跟我谈判，说我凭什么坐在第一位，凭什么那么多要求。我内心突然悲凉起来，只能挤出一丝苦笑，对你说，让他们自己来说吧。内心却又突然怒不可遏，冲着你大喊，你告诉他们，谁要是能考过我，他们来坐这个位置，我卷铺盖走人。我当时只觉得眼泪在闪，却最终还是咽了回去。可是后来我才知道，是你悄悄地对他们说，“她人挺好的，不是你们想的那样”。呵呵，我心里也泛着甜甜的感觉。

我们的关系慢慢好起来，会一起背课文，一起吃东西，一起笑。我总是喜欢给你唱歌，好多好多，你也就那么耐心地听着，笑着说“还比较养耳”。谢谢你的夸奖啦！我有时候在自习上看书累了，也会偷偷地靠着你的肩膀，听你讲家里的事。你真的脾气很好啊，好多性格迥异的人跟你坐同桌，都会相安无事，欢声笑语的。你是我在十四班新交到的最好的朋友。谢谢你，我学到了宽容，知道了好多。我不能说我是一个称职的朋友，可我至少是真诚的，因为你对我的真诚。

剑虹，不知道你的电话，记得那时说要去你家的，不过，我们一定会有机会再见的，我相信我们之间的缘分还没有终结。

明天，有没有一首歌会让你突然想起我?

明天，我会想你甜甜的笑，想着属于我们之间的小秘密，想着只属于我们的高三……

明天，当我们相遇街头，那浅浅的一笑，会是我们最好的默契……

2009年6月11日

延——一个像夏天一个像秋天

我们认识了六年，《一个像夏天一个像秋天》是我们公认的一首歌。他常常说第一次见面是在分座位的时候，他为我占了一个，可我直着眼睛就从他身边走过了，丝毫不留情面，这真是像极了范玮琪这首歌的第一句：第一次见面看你不太顺眼。可是天知道，我对这事一点印象都没有，他就总是骂我没有良心。初中的三年，我们就真的做了三年的同桌，熟悉了彼此的一切习惯，好的，蛮横的。经常会出现这样的画面：我们头靠在一起说着共同感兴趣的话题，抬起头，发现前面的同学齐刷刷地转过脸看我们。当时也是丝毫不管别人的想法，比较勇猛的，也曾以为有着年少的喜欢。可是随着时间的慢慢流走，我们积淀的感情却让我们坚定不移地相信，这就是传说中最真挚的友谊。

我常常这样觉得，觉得他像亲人。这可能是个很可笑的比喻，但这种感觉却是真实存在的。亲人，是相互的信任，是关怀体贴无微不至，更是不离不弃。每次受了委屈，想起的是他；每次伤心掉泪了，想起的也是他；每次要发泄，想起的还是他。自己有时都很郁闷，拿好吃的了，给了身边的人，却忘了他；拿起相机了，拍着新认识的朋友，却忘了他；送礼物的时候，给别的朋友送去那么大的包装，却只给他一块德芙巧克力。是不是我一直都是一个很自私的人呢？呵呵，每次我问他，他都会拍着胸脯说：你真的是很好的娃娃，真的，呵呵，我就信了，就笑了。

可是即便这样，我们之间也还是有着大大小小的摩擦，通常都会一段时间不说话。高中的第三年，我又和他成了同班，这让我在那个陌生的环境里有了依靠，也多了些许勇气。可我们终究还是闹了些自认为很大的摩擦。我们彼此不说话，暗中较劲、擦肩而过。可也就是在那个时候，我才真正体会到我们的默契。我们总会忘了彼此是在生气，有了什么事总是想在第一时间告诉对方，走到一半却恍然大悟——我们还在生气状态。有时候我们看着对方的表情，就猜得到他要说的话；有时候我们相隔很远互不理睬地走着，却感觉就像是走在一起，只是安静些罢了。我们之间总是有聊不完的话题，总觉得那路太短太短，总觉得那份熟悉太珍贵。我们都是一样的人，我们曾笑着说，有一个共同的弱点，就是沉不住气，跟别人发（方言，意为"闹翻了"）了总是忍不住要先说话先道歉，所以总是被人鼓（方言，意为"欺负"）。我们就认真地发誓，绝对要改掉这个习惯，可是谁知道，这个就只能用在我们之间相互较劲的时刻，除此之外，毫无作用可言。

第一次听范玮琪的歌的时候，就是这首《夏天和秋天》，我的脑海里就不自然地浮现了他的笑脸。后来他兴奋地告诉我，他当时也是那样的感觉。六年的时间，足以改变一切，也足以证明一切。这六年我们之间的点点滴滴都太细碎，可是只有一份不变的真诚。也许我没法数清我们说了多少个笑话，流了多少次泪，但我们都默默地做着彼此的依靠，相互支持着走了下来。不得不说，一辈子能遇到这样一个朋友，真的很幸福。

延，第一次这样称呼你，呵呵，谢谢你的陪伴，我从来都不觉得孤单 o(∩_∩)o……

第一次见面看你不太顺眼，谁知到后来关系那么密切。"我们一个像夏天一个像秋天，却总能把冬天变成了春天……"这是属于我们的歌。也许我们没法分辨谁是夏天谁是秋天，但是请你永远相信，夏天和秋天的故事，将是我的青春中最美好的纪念。

2009年6月13日

洁——有你陪着我

“想告诉你
我很珍惜我们相逢的缘分
尽管岁月奔驰
物换星移
你永远是我的知己”

洁，这是你写给我的，我翻着初中时的已经发旧的同学录，就看到了这些带着温度的字句。我原来从不信“淡淡的友谊”这句话。可是我信了，也是因为你，让我对这句话有了新的理解。我有时就想，什么样的两个人，才算是真正的好朋友呢？上了高中以后，我总觉得我们的距离越来越远，找不到说话的机会，只是觉得心里泛着淡淡的伤感。也许别的什么人像这样，我会不在乎，可是你不行。我也曾想过，也许就是这样，遇到新的朋友，总会和原来的朋友慢慢疏远的。但是我错了，在我以为你已完全不在乎我的时候，你总是一次又一次地温暖我。

记得我们在打乒乓球的时候，我们总是以说话为重点。只

要我们在一起，总能这么推心置腹地谈下去，谈到理想，谈到生活。记得我生日的那天，在我以为你忘记了的时候，你轻轻地在我耳边说了“生日快乐”。你也许不知道，这四个字，在当时究竟承载了多大的重量。我拿着你给的礼物，心里是一种难以言语的幸福，然后我看到了你的信，那些至今我都能丝毫不差地回忆起来的字句，就那么一点一点地敲进了我的心里。我记得，那些长满了青苔的墙角，那些黯淡了时光的微笑；我记得，不断怀想，是因为不再拥有；我记得，你希望那个喜欢叫你洁的女孩，在多年后的路口，当你们四目相对，能回忆起所有有关彼此的记忆，能没有生疏，能依然快乐地畅谈，能做一辈子的好朋友；我记得，看着你的句子，想着你前一天夜晚写它的情景，不争气地泪水潸然。记得那天一起去玩的时候，你说了一句“你可是我最好的朋友啊，要相信我啊”。洁，我真的很惭愧，我从来都没有对任何一个人下过这样的承诺，我从没有勇气承认谁是我最好的朋友。可是你却这么相信我，那一刻，我的感觉，是你永远无法在我那和平常一样微笑而平静的脸上了解的，我的心里，暖流正在经过。

记得初中的时候，那天刚上晚自习，我第一次握起了你的手，暖暖的。你总是自豪地说，血液是流经心脏的，所以你的手是暖的。然后总是说我的手冰得不行，就过来给我暖手。还记得你说过，你其实是不习惯握别人的手的，可是那天晚上，你也觉得很安全。

我们并没有天天腻在一起，可是依然心灵相通，就像一首歌里唱的一样“有你陪着我”。你知道，这世界拿起手机来来往往传送简讯，三言两语多是虚情假意。你也知道，我从没忘记你对我的期许，偶尔有挫折我不在意，有困难就更努力，就是因为心里有你陪着我，所以不害怕寂寞，做最真实的我。我也实现了我们在一起说的关于相信对方的诺言，你也是。也许以后会相隔很远，但是，我们一定不会变得疏离，因为我们的方式，就一直是这样淡淡的，温暖的，不是么？……

友谊的温度，会战胜疏远，纵然多少人说淡淡的不是最好的，我们都要相信对方，相信自己……

2009年6月14日

令家有女初长成

很开心的一段旅程，终于走到了十八岁这个交界点。

首先，我要感谢一下前几天给我说了生日快乐的人。虽然我过的是农历的生日，呵呵，但是你们那天的祝福，真的让我很感动。

十八岁以前的我，没有不听过爸爸妈妈的话，没有很晚地回过家，没有打破过自己许下的诺言。最大的快乐，是被爸爸抱着，是和妈妈睡在一起，是我们三个待在一起的每一刻。我一直在等一个机会，有一天，我能和爸爸妈妈一起，忘掉所有的事，没有

人来打扰我们，然后我们又能像原来一样一起谈天谈地谈哲学，谈美谈心谈生命。爹地妈咪，我爱你们！

十八岁以前的我，相信梦想，相信坚持。我唯一的叛逆，就是在我自己的梦想上。那时的我是疯狂的，可也是最真实的。我很喜欢那时候的自己，很有干劲，像风筝飞向很蓝的天一般的，永不回头的，一往无前。

十八岁以前的我，喜欢沉浸在自己的小世界，喜欢玩小车模型，喜欢打 CS、魔兽、红警，喜欢纠结于仙剑的小故事，喜欢和爸爸一起看 NBA，喜欢研究一切。是一个有点疯狂，有点嚣张，有点叛逆，有点喜欢幻想的小姑娘。也会，偷偷萌生出一些很邪恶的想法，然后又被自己否掉，想变成十恶不赦的很帅的反派黑帮老大，呵呵，想起这个，坏笑中。

十八岁以前的我，有点男孩子气，和男生关系很好，很喜欢和男生成为哥们。可是有时候看着他们在自己面前毫不掩饰自我的样子，心里还是小小地纠结了一下，是不是自己完全没有魅力啊。短短的头发，很运动的背包，永远都是牛仔裤，永远都是运动鞋。忘了是什么时候再也没穿过裙子，虽然也总想着白雪公主般的美好。学了 6 年的民族舞和芭蕾，军训的时候，还是跳了梁山伯。不过我承认，梁山伯很不错哦，哈哈。

十八岁以前的我，相信永恒，相信真爱，相信寄托。知道那些王子公主的完美结局都是用来骗小孩的，可还是傻傻地愿意被骗；知道时间会冲淡一切，可还是坚信能抵得住时间……就是这么傻啦，没办法没办法。看过《王子变青蛙》，看过《公主小妹》，迷过单均昊，迷过南风瑾……

十八岁以前的我，固执地喜欢蓝色，喜欢那种纯净中的忧郁。

十八岁以前的我，喜欢写字，喜欢记录，总是有点为赋新词强说愁的小文人情结。

十八岁以前的我，遇到了好多好老师，是他们一路的关心教导，才让我这么成长起来。

谢谢卢老师，您真的是个好老师，严厉，温暖，我们班在您的带领下真的很不一般。当初转科时您告诉我的几句话，我都记得，那一直是我勇气的来源。您的英语，真的没话说。我们没有外教，可我们的英文发音却很正确，您绝对堪比 native speaker！

谢谢 14 班班主任张老师，您对我很好，对我很严厉，对我有要求，对我有期待。也在我最艰难的高三时期，引导我一步一步朝梦想走去。

谢谢龙老师，您是我见过的最牛的语文老师，无穷的底蕴，诗意的表达，您比于丹绝不逊色。

谢谢赵老师，还记得您说过的“平平淡淡才是真”，真的是这样，这个道理，现在才深有体会。

谢谢杜老师，帅帅的平司，上他的物理都是享受啊，还有那些复习资料，还有那些怕我跟不上的关心，谢谢您。

谢谢夏老师，您是个有情调的语文老师。曾记否，经典的，明月别枝惊鹊。

谢谢亲爱的随子老师，可爱的踢踏舞，可爱的灰太狼之歌。

谢谢亲爱的小数老师，胖胖的，小企鹅一样，比我们只大几岁，就像一个姐姐，总教会我们很多，喜欢看你羞涩的笑，小女生似的耸耸肩。写到这里好想抱抱你，哈哈。

谢谢亲爱的地理杨老师、历史张老师，夸我的时候我记得，批评我的时候我也记得，第一次问我名字的时候我记得，最后说大家都会记得我的名字的时候我也记得。

谢谢亲爱的政治老师，哈哈，喜欢您的课，亏了您的博学啊，才让政治变得易如反掌。

谢谢刘老师、李老师等等，从小到大一直教会我成长的人，真的，遇见你们，我很幸福。你们也许不是最优秀的老师，可你们却是最认真的老师，我学会了写作文，学会了念英语，学会了化学方程式，学会了万有引力定律，我也学会了面对生活！

谢谢你们，我深深地鞠躬！

十八岁以前的我，有好多朋友，就是因为有他们的陪伴，这段成长的路，我才觉得一片华彩。

延，谢谢你，我们之间的默契，已经到了你现在就知道我想对你说什么，然后，我知道，你的电话马上要打过来了。

东东，谢谢你，喜欢你痞痞的坏坏的笑，却总是在我面前很温柔，每次伤心的时候有你，就马上能释怀了。了解我的人真的不多，而你，真的很赞！

祥，谢谢你，我们之间，太曲折了，呵呵，就像你说的，能在高二后跟你剔除尴尬，恢复友谊，真的好不容易。你对我的关心，我感受得到，你要加油，我顶你！

翔子，谢谢你，最先到的短信，半夜打过去唯一不会关的手机，谢谢你带给我的北极熊和笨笨鸟的最完美的相遇。

小辉，谢谢你，所有的回忆，雨天的屋檐、晴天娃娃，所有的下坡路和车座。

强吧，谢谢你，谢谢你的小窗幽记，谢谢你的蓝色小熊，希望你找到自己的幸福，然后奋力飞奔去。

旭哥，谢谢你，谢谢最让我放心的你，谢谢最让我温暖的你。

孙子，谢谢你，谢谢你经常打来的电话，谢谢你说过朋友不会分离。

墩墩，谢谢你，谢谢你突然的来信，谢谢你明明自己骨瘦如柴，却还是让我一定长得胖胖的语气。

轩，谢谢你，在北京，好多好多是要靠你，突然发现你好男子汉气，舞会那天，你真的很帅，只是我，还没来得及和你跳一支舞。

健，谢谢你，谢谢所有手机里你的防寒短信，好同桌，照顾好自己。

欣儿，柴 si，仇元，王辰，各种感谢给各种的你。

瑞，六年牵手，我们手拉手上学的景象，我还记得。你写的那篇《左和右》，只有我看得懂，那是我们俩分开的无奈。你说过，我是你的骄傲，而我想说，你也是我最骄傲的女孩，真的。

洁，谢谢你，淡淡的温暖，淡淡的歌。

睿，谢谢你，谢谢你甜甜的笑，谢谢你不经意间给我的勇气。

小雨，谢谢你，谢谢我们之间关于沙漏的故事。沙漏记得我们遗忘的时光，记得这个誓言，就记住了所有的过去。

晶晶，谢谢你的细心温柔，这么好的女孩，一定会有最幸福的结局。

璞璞，再过两天就是你的生日，我提前祝你：生日快乐，永远快乐。

璐子，那个总爱叫我瓜的女孩，在美丽的青岛，找到自己的幸福了吗？

楠楠，我知道你和我一样执著，只是有时这样会伤了自己，一起走，我们总能找到幸福。

十八岁以前的我，在来人大之前，认识了一些人，她们没有和我一起上过高中，没有和我一起走过小路，甚至可以说我们的前一段人生是完全无关的。可是来了人大，她们就成了我的亲人，我以后的故事，注定要和她们有关。从第一份礼物说起，从呷哺说起，从四爷说起，从士兵突击说起，从我们要经历的下一秒说起。

谢谢湘姝，宝宝，你只比我大一个月，可是有时候，就是你在照顾着我。认识你，很开心，有你陪伴，很幸福，谢谢你。希望你能坚持自己的理想，你的京京，你的禛，哈哈，你的所有，一定要都是幸福！

谢谢怡，谢谢你记得我喜欢书，谢谢你记得我说过我喜欢把书据为己有的感觉，谢谢你那么执著地爱袁朗，谢谢我们疯狂的军嫂梦。哈哈，每次你打来电话说让我陪你的时候，我都觉得好开心好温暖，自己被需要的感觉，真的不错。

谢谢格，我们是新东方认识的，我们之间还连着怡，或者说是我和怡之间还连着你，历史，好东西，好好学，我们亲爱的赵老师，过几天的生日，我们陪你!

谢谢承煜，虽然你是个男孩，哈哈啊，但是由于也是新东方认识的嘛，这个……呵呵，谢谢你的关心，咱们过年见!

十八岁以前的我，经历了高考，走出了家乡，来到了人大。走在这个并不很大的校园，看着那些并不整齐的树木，心里装着的越来越多。

来到人大，我有了235。从没有住过校的我，和她们一起在这里找到了家的感觉。

遇到了善良温柔的万悦、文艺可爱的全、独立自由的吼吧吧、传统单纯的怡然、美丽率性的菲菲。从此在这个校园里，再也不会觉得很孤单，也不会觉得很想家，也不会觉得没地方去。想起每一次的卧谈，很好，很强大。我们无话不谈，谈理想，谈生活，谈情感。卧谈之后，心情会从感伤中慢慢平静下来，知道自己身后有她们，知道她们的身边有我，就觉得是很大的后盾很大的依靠，立马就勇气无限了。认识她们之后，真的学到了很多，慢慢开始学会稳下来，不再那么急躁，那么冲动，那么像小孩；慢慢开始成熟起来，不会因为小事而大嚷大叫，不会只顾着自己，学会了关心别人，开始在半夜为没回来的她担心。

我爱235，我爱陪在我身边的亲爱的你们!

来到人大，认识了更多的朋友。

溪滢，最爱最爱的溪滢。

老大，喜欢叫我馒头大婶的老大。

靖远，很有范儿很有能力的可爱靖远。

水母、莹莹，愿意陪我顶着寒风去城市学院而理由只是因为那个人是我的她们。

册册，宁愿累着自己也不愿麻烦我们，却会在我阳历生日的时候偷偷告诉我她喜欢吃巧克力的册。

小靓，娇小可爱，总想抱在怀里的小靓。

文婷，分不清 hui 和 fei，却认真可爱，笑起来有深深的酒窝。

解玥，很坚强，很漂亮，很会给人温暖的西北女孩。

德容，总是很温柔，总是很善解人意的德容。

媛媛，两次告诉我生日快乐的媛媛，哈哈，还有 236 的宝们。

还有太多太多来不及列举，原谅我，但就是没有说出来的所有，认识你们，我很幸运。

回忆毕竟是远了暗了的暮霭，希望才是近了亮了的曙光。

十八岁后，会怎么样呢？不知道，反正时间会证明。

只是，相信时间，快乐生活！

2009年12月4日

时光的声音

十八岁的生日感想，除了幸福，还是幸福。我一直觉得自己是一个很幸运的人，总是得到上天的眷顾。有最贴心的家人，有最信任的朋友，有最优秀的老师。想起席慕容的《灯火》，温暖填满心间。我想感谢很多很多人，在夜里，谢谢你们为我点亮所有的灯火。也许没有一个人能在事情的一开始，就意识到发生在自己身上的一切是什么，至少我不能。而我只有在真正了解自己之后，才能体会我所追寻的幸福长得什么模样。幸好，我在成长。幸好，身边有你。

你是我心头优雅的秋风

我突然想，给姐姐写一篇文章。

发现现在自己居然有这么一个嗜好，就是没事干去看看姐姐的空间里有没有更新什么心情或者日志，让我在紧张的学习中，大脑快要枯竭的时候，汲取一点力量。

看到姐姐写的一篇文章，突然想家了。

姐姐一直是这样一个人，有着文人般细腻的心思和傲骨。从小到大，她带着我成长，从最初的简单嬉耍时光，到了现在，我已经长成了一个大姑娘，可有些事情，总还是要她指点才能明白。

我一直是那么深深地崇敬着姐姐，可这些话我从来没有对她说过。

小时候她喜欢画画，可最惊异的，莫过于她没有学过，却能从古典的女子画到现代的意识流，然后自制成书签，引来周围的人的艳羡。

小时候她会带着我玩洋娃娃，她告诉过我她将来要成为一名服装设计师。也是，大概我对姐姐的崇拜也是从那个时候滋生的，她总是气定神闲，看着娃娃，简单的几笔便在纸上画下草稿，然后用剪刀，用针线，缝制成那一件一件迷你的华服。

后来她告诉我，她多么想以后有一间那样的小屋，最好是单独的一幢小木房，她的书房在二楼，打开窗，窗外暖暖的阳光正好能够透过那浓密的绿荫，细细碎碎地点撒在她的书桌前。而她，那时也已成长为一个和煦温婉的女子，也许是一个职业作家，悠闲地安排着自己的时光，窝在家里看着书，然后再把自己的所思所想变成文字，走进大家的心灵。

想起小时候的事，我总是觉得心头像吹过了一阵优雅的秋风。最初的时候，我们是在那个现在已经不知所有权转向何人的见证过我们一家三代成长的二层楼里谈天嬉耍。爷爷说，那房子是他一块砖一块砖垒起来的，就像他一手垒砌出来的我们的幸福和温暖的家。小时候，我总是惊异于那个通向二楼的露天楼梯的水泥壁上，为什么会长出奇异的小蘑菇。站在那个楼梯上，我偶尔看到经过的火车，距离很远，但那声音却依稀听得见。也许我最初的关于远方的概念，就是在那个时候形成的。可能我也没有想到，十几年后的现在，我成了那个常坐火车去远方的人，而我的家人，就在那里静静地守望着我。我们一起在那里，经历过给娟儿喂葡萄，熟睡的她竟然吃得很开心，搞得我俩很郁闷的时光；经历过第一次喝那时刚出的甜甜的葡萄酒，结果都不到十岁的我们，喝醉了，不停地又唱又跳，一旁的奶奶觉得又可气又好笑；经历过那个打雷的晚上，我现在也不知道为什么我们总能自 high 地把自己套进那么奇怪的剧情，说去探险，偷偷地跑去爷爷奶奶睡的那个房间门口，就听到了爷爷的鼾声。

我们是多么的能聊啊。那时总是很急迫地去定西，就是为了跟姐姐聊天，仿佛一天都等不了。晚上我们三姐妹睡在一起，亲爱的娟儿早已进入香甜的梦乡，而我和姐姐的话题才刚刚开始。我们谈人生谈理想，谈对谁谁的喜欢，谈偶像剧，就能那么一直谈到天亮，也不觉得困。那时只要赶上我们分别，总是要泪眼相望，周围一圈大人都在笑话我们俩，说我俩感情怎么能那么好。嘻嘻，我不知道，只是觉得，从小时候开始，那种有人能懂你的心思的感觉就是那么好。

后来慢慢长大，很多事情也在慢慢改变，我们再也不会因为分别而大声哭泣，只是会相视一笑，期待下次的相见。我们也很少睡在一起，我会常带着娟儿去家里，但还是有那么一次，你知道娟儿晚上不来陪我，怕我胆子小，就问要不要你留下来陪我，我当时差点眼泪都掉下来。亲爱的姐姐，我知道你有恋床的习惯，睡在别人家，你会睡不着的。

你告诉我你讨厌数学，我告诉你我竟然不可思议地学了从来都没考虑过的文科，你告诉我你要从学校回来跟我一起高考，我告诉你我支持你的决定。我们成长的印记就这么一步步地交错前行着，谁都没有多说什么，但我们都明白，没有什么东西能改变那种默契。

现如今，我每天焦虑着自己的未来和前途，却也总是从你那里得到能量。妈妈说，她越来越喜欢你的文章和态度，总是让人觉得心里很舒服。我又何尝不是这么觉得呢。今年你的生日，我头一次用快递寄去我的祝福。很多事情总是后知后觉，总是给那些也许算不上特别亲密的朋友买各种各样的礼物，却给最亲的人只是一声祝福。

我喜欢白岩松说的那句：幸福了吗？

这也是我希望你以后能肯定地回答给我的。我想说的是，不论怎么样，都要坚持自己最初的梦想。有多少人，羡慕那佛光闪闪的高堂，又有多少人，因为心事太重而迈不开脚步。只有敢想敢做，梦才能不只是梦。好在还有你，我才能在前行的路上多一点力量，希望你也这么觉得。姐姐是才女，这句话绝对不夸张，我常常是很自傲的，可是姐姐的文笔，我却从来没有怀疑过。

我常常想，姐妹就是姐妹，别人都比不了，我想的很多事，原来正是姐姐所想的，而我们的观点，也是惊人地默契。只不过现在的我，常年生长在没有文艺细胞的法律堆中，看见那些温暖舒心的小句子，会突然心里一软，然后感叹时光太窄指缝太宽，我的文艺细胞早已全部流走，徒留我一个人表示“鸭梨”很大。

我还记得谁在某个晚上悄悄告诉我要给自己的女儿起名莞尔，我还记得总是吵着嚷着让姐姐推荐好书好句子，我还记得，我们总是因为一些简单却又温暖的句子而感动的场景。

我固执地相信，我的姐姐，会实现自己的理想，她并没有因为偶尔的难过沮丧停下前进的脚步，她永远都怀着那颗期盼的心，向着自己的文学梦想和精神家园。

不惊艳，不娇媚，却以温情的样子，触动岁月里最幸福的日子。

亲爱的姐姐，祝你梦圆，祝你幸福。

我，在你身后。你是我心头，优雅的秋风。

2011 年 1 月 8 日

我生命中最温暖的太阳

刚跟爸爸妈妈通了电话，汇报了今天的学习情况，抱怨了北京突然变冷的天气，和不经意间就降临的秋天。一直想提笔为爸爸妈妈写文章，却又不知道从何写起。的确，比起爸爸妈妈的爱，文字太苍白，仿佛我每多写出一分，又不经意间漏掉十分。

越长大越恋家，这绝对是个真理。小时候看朱自清的《背影》，最不能忘记的便是他的父亲爬上月台去买橘子的情景。长大后看了龙应台的《亲爱的安德烈》和《目送》，更是一点一点地了解了父母的良苦用心。我上了大学以后，我们一家三口的常态便是分隔三地，相聚的时间也越来越少。所以我盼着自己快快长大，有了工作，挣了工资，等爸爸妈妈退休后，带着他们去度假，去环游世界。但妈妈常说我想得过于简单，工作以后哪儿还会有那么清闲的时光。于是我便愈发恋家，在家的时候，我赖着不想来上学；上学以后，总打电话跟他们撒娇，问他们为什么又没有及时给我打电话。

我相信，跟我同龄的人，大抵都会有这样的感觉：我们在成长，爸爸妈妈和我们的关系也开始发生微妙的转变。小的时候，我们永远被爸爸妈妈保护得很好，不曾受到伤害，也不曾独挑大梁。随着慢慢长大，从少年到青年，开始和爸爸妈妈站在相同的位置对话，讨论小时候不甚懂、现在却喜于研究的事。再大一些，就是我们开始保护爸爸妈妈的时候了。所以我常常很着急，很多时候想要挺身而出把他们挡在身后，却发现自己好像依然幼稚。

先写爸爸或妈妈，他们其中的另一个都会吃醋的，怎么办呢？那就先从他们俩写起。

从小到大，爸爸妈妈之间的爱情，让我羡慕不已。我最初对爱情的认识和期待就是从他俩开始的，所以我相信，两个能幸福地生活在一起的人，必先是知己，是能在一起，又能舒舒服服做自己的人。爸爸说，他第一眼见到妈妈的时候，就觉得妈妈肯定会是他的妻子。那时候的妈妈二十几岁，穿着淡黄色的坎肩和喇叭裤，坐在办公室的椅子上，清新而美丽，那是她跟爸爸第一次相见时的样子。如今，二十多年过去了，他们之间依然有说不完的话和那些温暖感动的瞬间。

如果要我说世界上最好最帅的男生是谁，那一定是爸爸。爸爸是一个很儒雅的人，有书卷气，性格平静而温和。我常常觉得再大的狂风暴雨，只要到了爸爸那里，都会回归风平浪静。这一点，是我和妈妈深深佩服他的理由。我们可以安心地让他做靠山，把什么问题都推给他，然后躲在他身后偷偷地看。我上幼儿园的时候，爸爸就去了其他地方工作，之后就开始了长达十四年之久的一周见一次的奔波生活，但我得到的父爱，却满到快要溢出来。每晚一通给家里的电话，少则半小时多则一两个小时，爸爸一次都没有落下过。爸爸亦是个很干净的人，我和妈妈常常感叹他“拨乱反正”的能力，只要爸爸在家，我和妈妈总能在某个清晨发现阳台清爽了好多等等诸如此类的情况。爸爸也是个很浪漫的人，他总能带着我和妈妈去发现生活中的美、一些稍纵即逝的瞬间。

爸爸很疼我，很惯着我。妈妈说，以前她每次想教训我的时候，爸爸都会把我紧紧抱进怀里，让她哭笑不得。我也很心疼爸爸，从小到大，爸爸工作调动很多，我也因此去过每一个他所工作过的地方。有时候我和妈妈在他住的地方等他下班，我就在想他平常是多么孤单。但爸爸却从来不叫苦，他说能为人民做事，他觉得很幸福。我可以理解这种成就感，爸爸和妈妈都是那种生来就很认真的人，工作上容不得半点马虎，不管是多么棘手多么艰难的工作，从来都是迎难而上。于是我和妈妈选择做他最坚强的后盾，也深深为他骄傲着。每次爸爸回家，我们一家三口聚在一起的时候，就是我觉得最幸福的时光了。以至于我高考时爸爸请假回家陪我考试的那三天，是我至今想起都要偷笑的时光。那是我期待了很久的早晨，可以让爸爸牵着手送我去学校，笑着跟我说不要紧张，考试加油。

我的妈妈是个才女，如果非要用一个金庸小说里面的人物来形容的话，那就是黄蓉了。爸爸常说妈妈是个很可爱、很有童心的人，这点我深表赞同。妈妈的职业是律师，上班时候她严谨而干练，下班后的生活却绝对充满着诗情画意，爱写字、爱画画、爱写诗（虽然说爸爸才是那个中文系毕业的人……）、爱钓鱼，兴趣广泛。爸爸出去工作以后，我和妈妈就成了家里的主力军。我还记得初一刚搬到城里的时候，每天早上叫我和妈妈起床的收音机，和鼓楼准点的钟声；我也记得高三的每一个夜晚，妈妈都陪着我学习，我多晚睡，她多晚睡。越长大，便越能体会妈妈的辛苦。不过幸福的是，小学时候有爷爷奶奶，初中时候有艳丽姐姐，高中时候有二姨，家里总是热闹非凡。妈妈很喜欢哲学，她说大学的时候，曾想过以后要当一个哲学家。但谁又说她现在不是一个哲学家呢？我见过她为当事人耐心疏导，从具体问题讲到人生态度；小学朋友家败诉但是对身为对方辩护人的妈妈评价颇高，这都让我意识到，其实法律工作中的人情事理比最终得失更重要。二十年前，妈妈肚子里怀着我去参加司法考试，她一定没有想到二十年后的我，也要通过司法考试，成为一名法律人了。这是一个多么奇妙的传承。

妈妈很爱我，我也很爱妈妈。有的时候难免会有些小的争吵，但更多的是母女间的默契与和谐。记得高中时候，有天我站在学架子鼓的琴行，突然有个人走过来跟我说，“你不会是张律师的女儿吧？”我笑着说是，他说我的侧面像极了妈妈。还有一次，和一个多年未见的哥哥相遇，他说仿佛看到了妈妈当年二十几岁时候的样子。这两个瞬间也成了我生命中最欣喜的片刻，因为我仿佛看到了妈妈的青春，看到了我未出生之前，她的样子。上大学之前，我和妈妈从未分开过，以至于最初分开的时候，妈妈极度不适应，现在依旧是。听到我大三暑假为了准备司考只能在家待一个礼拜的消息之后，妈妈很不乐意，于是我和爸爸就换着方法安慰她、逗她开心。汪国真的诗《慈母心》，用来形容妈妈的心情最是合适。“半是喜悦/半是悲哀/最难与人言的是慈母的情怀/盼望/果子成熟/成熟了/又怕掉下来。”我是她的女儿，所以清楚她的所念所想、焦急与不安。我知道，妈妈的唠叨是世界上最美好的温暖。每次我回家，妈妈总说她有种说不出的舒心，她现在常常挂在口头上的一句就是：“蛋子啊，跟你待在一起真好！妈妈喜欢跟你生活在一起！”听得我又开心、又难过。

爸爸、妈妈还有我，就构成了我温暖幸福的家。我的家很民主，忘了是从多小的时候，他俩的谈话就有我的加入，那时候虽然幼稚，但爸爸妈妈依然会认真地听我讲话，告诉我我也是这个家的小主人。我的家有点理想主义，和爸爸妈妈聊天的内容，从来不是谁谁谁家又怎样怎样，多是关于人生观、世界观的内容，所以我珍视理想，如同爸爸妈妈一样。我的家很有爱，我们从不吝啬说爱，爸爸和妈妈常常说，要温暖别人，要爱别人，要常说感谢。我的家很模范，小时候邻居家小孩常常把我家写进作文里，他们说羡慕爸爸妈妈从来没有红过脸，羡慕家里永远都是欢笑声。

这次回家，和爸爸妈妈开心畅谈，当时正在路上，黄昏时候，太阳绕着山路，像捉迷藏一般慢慢西沉，一会看得见，一会看不见，仿佛那个时候的空气都是暖暖的金黄色。我突然想起阿狸的话“我相信，爸爸妈妈总能知道我干的坏事”，笑着告诉他们，爸爸妈妈也笑了。爸爸说，其实他们看我，就像看着他们当时那个年纪，清清楚楚。我便笑着回他，“因为很早就明白了这个道理，所以我不会干坏事，也没有什么不可告人的小秘密”。我又接着说，我从小到大传过的所有小纸条，收到的贺卡和信，都装在我床头台灯下的那个盒子里。因为都是青春的纪念，所以我一个都不舍得丢。我惊诧于爸爸妈妈竟不知道这个，便叫他们回去看看。爸爸说："那是属于你的成长的季节和故事，等你解密了，我们才可以碰。"那一瞬间，我觉得好感动。很多的父母并不真的了解自己的小孩，偷看短信，偷翻书桌，其实都是为了和孩子走得更近一点。但爸爸妈妈却总是给我最大的理解和信任，总是以身作则，循循善诱，让我的人生慢慢丰富发展，长大成人。

这篇文章注定写得不完美，却是一定要写的。因为我想记下来二十岁、三十岁、四十岁他们和我一起长大的样子，想跟他们说感谢，不是矫情的，而是真心实意的。我现在的愿望很简单，就是希望爸爸妈妈身体健健康康的，开心、幸福着。然后其他的一切，就交给女儿我吧，我正是奋斗的时候，也到了保护你们的时候。

那天看到一则温暖的微博："我在天上挑爸爸、挑妈妈，就看到了你们，可是我在想，你们那么好，想成为你们的孩子应该是件很困难的事吧。没想到，有一天醒来，我竟成了你们的女儿。"

是啊，能做你们的女儿，我真幸运。让你们看着我长大，我真幸福。

2012年8月14日 晚

心情絮语

玫瑰人生

看完电影《少女穆然》，回到家中，我默默地坐在椅子上，我的心被深深震撼着。

8 岁那年，穆然离开了大山，离开了各种各样的鸟儿，离开了蔚蓝的天空，离开了亲爱的妈妈。去了遥远的北京，看大人们说的所谓的“海”。

在北京，鸟儿都被关在笼子里，天空中只有难看的麻雀，学校中也多是高傲的目光，然而，她并没有被这些小困难所绊倒，一直都在微笑着。渐渐地，她变了：由一个陕西来的“小北京”变成了一名优秀的班长；由一个黄毛小丫头变成了一位亭亭玉立的少女。她和我们一样，拥有着似火的青春，迷人的笑颜；她和我们不同，她承受着常人无法承受的痛苦，她有着非凡的毅力。

15 岁，当同龄人正高唱欢乐颂、准备神采奕奕地踏上人生之旅时，老天却将她夭折，让她得上癌症。可怜的人！她将无法再感受父母给她的源源不尽的关怀；无法再聆听到朋友之间纯真的话语；无法畅游在高中、大学的知识海洋里。她仅有两个多月的时间了，可是，她并没有放弃，而是将自己的每一天过得充实，就如同荆棘鸟一样，不断奋斗，当自己的身躯扎进最长最尖的一根荆棘上时，它放出的歌声使夜莺和百灵都黯然失色。在她最后的几个月里，她写了一本书——《闯关》。她说：“人的一生就是在不停地闯关，我一定会闯过这一关。”不知为什么，平时慈善的上帝忽然狠心了，几天后，穆然的痛更重了。可她还在忍着痛写书，护士阿姨让穆然再打一针止痛剂，穆然谢绝了，她说：“人活着就是要感受痛苦，感受痛苦就是感受活着。”她就是靠这种积极乐观的态度走完了她短暂的生命历程，直到最后一刻，她都在微笑着。

“玫瑰与海龟的区别在于——玫瑰的生命是以小时来计算的。”穆然的一生就像这朵玫瑰，虽然短暂，但她散发出的光彩和芳香是永恒的！

2004年4月30日

时光的旁白

这是我初中发表的第一篇文章，那时对我来说，便是极大的荣耀。我从小学转学至初中的时候，直接跳过了六年级。所以，那时候的我，又瘦又小，还有些跟不上初中的节奏。交作业的时间总是很妙，于是最初的几个礼拜，我总是处在后知后觉的境况下。于是，急着适应新环境，急着证明自己。还好，第一次考试之后我便不再慌了。学校组织全体师生去电影院里看《少女穆然》，我泪如雨下。死亡，对我们来说还太沉重。但我相信，她所经历的，是一个玫瑰般灿烂的人生。

世界何时铸剑为犁

和平与发展是当今人类的两大主题。我们都希望沐浴和平的阳光，但战争离我们并不遥远。不是吗？枪声、炮声、爆炸声远远多于人们的歌声、笑声、欢呼声！

世界何时才能铸剑为犁呢？

就中国说，在这悠悠历史中，无数的战争给我们留下了痛苦的回忆。第二次鸦片战争中，英法联军烧毁了我们中国的一个既美丽又真实的梦——圆明园，使之变成了一片废墟。

还记得南京大屠杀吗？在短短的六个星期之内，在古老的南京城里，30 万人死于日本人冰冷无情的刀枪下。孩子们，成了他们练刀练枪的活靶；女子们，成了他们凌辱的对象。尸体堆成了山，鲜血汇成了河，就连鸟儿，也都不再落在南京的树上了。在那一天，孩子们天真的声音显得有些悲伤了，但那些杀人不眨眼的日本军官仍然没有停止，他们仍然在制造着战争，制造着令人作呕的血腥。

战争可以带来很多：它可以带来鲜血，可以带来死亡，可以带来人们的眼泪。一旦被战争摧残，田野会变成荒原，文明会变成废墟，国家会变得支离破碎。

巴勒斯坦民族权力机构主席——阿拉法特，他的一生都在追求和平，但是巴以冲突却持续了数十年，那儿的人们，整天受到炮火的威胁，也许就在那么一瞬间，一个生命就会逝去。在弥漫的战火中，人们高呼：我们爱和平，我们要家！一声声擎天撼地的呐喊，却怎么也无法挽回已逝的生命。那些天真可爱的孩子们，用他们那饱含着晶莹泪花的眼睛，寻找着受伤的和平鸽。眼睛是心灵的窗口，他们其实是在用自己幼小的心灵去呼唤和平呀！

“铸剑为犁”的雕像在联合国总部前已矗立了四十多个春秋，和平的钟声已经敲响。可是，战争啊，你何时才能结束？什么时候，晴空下再看不到那血腥和屠戮？

人类呼唤和平，世界何时铸剑为犁？

2004年12月25日

读

打开一扇窗，让风吹进来，吹开放在桌上的书，风吹哪页读哪页。

——题记

闲暇的时候，桌上总放着很多书，零乱不堪。我便轻轻踏入书房，打开一扇窗，迎接风的到来，让风吹拂那柔软的书页。一阵阵，风停在了这一页上，我便捧起它读，这是《昆虫记》。一个个可爱的小蜜蜂仿佛来到了我的身旁，伴着我飞舞。正与小蜜蜂嬉戏，风又吹开了另一本书，我便又追随风的影子，走进了《格林童话》的世界。白雪公主的美丽，七个小矮人的善良，皇后的狠毒，使我不觉屈服于真善美的力量。

晚风晓拂，我离开了童话的国度，随风一起跃入了历史的长河。在浩大的夜幕下面，一个个历史正在我面前重演：南京大屠杀、新中国成立……有辉煌也有耻辱。又是一阵晚风，将我心中的澎湃带走，送我进入了一个哀婉凄美的世界。《红楼梦》中，黛玉葬花令人感伤；《穆斯林的葬礼》中，新月之死令人悲痛；《京华烟云》中，姚思安玉石俱焚令人钦佩……

晨风微微，伴着轻盈而来，翻开了《三重门》，那是初三的故事，属于青苹果乐园的故事；风又吹开《草房子》，让我重新从童年到长大，回忆起金蔷薇的天空。接着，风吹开《飞鸟集》，“如夏花一样绚烂”；而后，又扑进徐志摩的怀里，听他讲康桥的故事。

风永远不会累，不会停，我也将永远随它畅游在书海里，一本书犹如一壶刚刚煮沸的咖啡，用它浓郁的气息温馨着每一个至纯至善的心灵，使人不饮也醉。

风吹哪页读哪页，使我自由地阅读，读书，也在读生活；风吹哪页读哪页，使我随着大自然品尝时间结出的硕果。

风吹的那一页，开始恢宏壮阔，结局云淡风轻，使我从中读到乐趣，感悟生活！

2005年9月

时光的旁白

这是我初中时候写的一篇文章，现在看来，确实太过简单和生涩，但我却不忍将它删去。只因它写了我最爱的事——读书。时至今日，我最喜欢的放松方式，依旧是随意地翻翻小书，就那么悠然地度过一个理想的下午。读书是一种最安全的去探索世界的方式，当我们的身体被束缚的时候，我们的心却可以随着书去往一个又一个新奇的世界。梁文道的一句话，我很喜欢："读一些无用的书，做一些无用的事，花一些无用的时间，都是为了在一切已知之外，保留一个超越自己的机会，人生中一些很了不起的变化，就是来自这种时刻。"

一花一世界

开始明白，自己只是多元世界中的一元。一花一世界，青春的世界里遍地繁花。

——题记

席慕容曾说过 “青春是一本太仓促的书”。读青春，像去参加一个短暂的舞会，没有别的杂质，纯得像水。读青春，像做一个真实的美梦，当你醒来时，它早已消逝得无影无踪。拥有青春的我们，像一群洒洒脱脱、活活泼泼、清清纯纯的花仙子，品幽幽绿茗、携朗朗清风。

青春的我们，充满了激情。张扬着自己的个性，展示着青春的风采，在青春的世界里歌唱与狂舞，让整个天空都燃烧着青春之火。

青春的我们，拥有着勇气。雷·马克说：“青春最漂亮的装饰是勇气”。我们靠着勇气穿过了平旷之中的荆棘，越过了风浪中的暗礁，勇气使我们奋进、开拓、追求交织，绽放出光华与热情。

青春的我们，充满了矛盾。力拼一份自由的天空，但又渴望一个安静的港湾；天性活泼但又多愁善感；渴望成功但又安于平凡；想展示自己，却又不想失掉真的自我……是啊，或许是我们太要强，同顶炎炎烈日，共沐皎皎月辉，我比别人好，没人比我差。

其实，拥有青春的我们，人人都是一道风景，有的灿烂有的黯淡罢了。不论是火红的山杜鹃，还是一簇洁白的野百合，或是不起眼的一朵小花，它们都是青春的色彩。在青春的世界里没有旁观者，每个人都有自己的位置，每个人都能找到一份属于自己的精彩！

一花一世界，一叶一菩提。不要感伤，带着你独有的色彩与青春一起观望不悔的奔流瞬间。微笑吧，青春需要微笑，告诉自己：我不多余，我很独特，我是另一种青春，另一种圣火，我要用自己照亮青春的每一刻，绽放自己的精彩！

2005 年 10 月

秋魂·秋思

我总是很盼望秋天的到来，因为它的飒爽、高洁、成熟与丰收，更是因为在它的气息里，包含着太多太多从夏日里积聚起来的故事。

相思叶

一片落叶／飞舞于秋风之中／孤独的雁鸣／成为秋天最后的问候。

红叶，烂漫了整个季节，而看到它，我的心情也随之灿烂起来。那无尽的风儿，像浪似地推着挤着，为那片绿色的叶，染上了夕阳似的红晕，还来不及观望，又将那些红叶吹落，洒得一地。当天空最后一抹红霞散去，黄昏从森林里走出来时，仿佛又见到了天上的红霞：那些叶子随风而起随风而落，飘悠悠，悠悠飘，使整个天地都驻足了，只停在那一瞬，叶飞舞的一瞬。

潇潇雨

我是天空献给大地／最后的珍珠／我更愿热泪献给大地上／所有的生命。

秋雨绵绵。大地在这片雨的气息里昏昏欲睡，四下一片静。被雨浸润过的世界变得迷离而又真实。淡淡的木香，淡淡的水果味，淡淡的紫色馨香，穿过透明的空气，弥漫了整个世界，一切都沉睡了。

梧桐雾

轻轻地／淡淡地／化作一个梦／漂在水面上的。

雾弥漫了整个世界，我站在梧桐灯下默默地闭着眼，感受这份宁静与祥和，突然听见梧桐灯柔柔地对我说：宁愿自己是月亮，在黑夜里，也要借太阳的光默默地给别人一片亮。这是秋教给我的，我称它为奉献。淡淡的雾罩在了长街的上空，使得路灯的光更加柔和，就像夏夜里闪烁的斑斓的星。那闪闪烁烁的灯光一直向远处延伸，延伸，将秋的问候与心情无限地延续了下去。

秋是多变的。看沉甸甸的麦穗低着头，是教我们谦逊；金灿灿的菊花瓣在微风中舞动，是教我们自信；火红的枫叶悠然落下，静静地回归大地，是教我们报答；温暖的薄雾为世界穿上一层轻纱，是教我们奉献。

秋并不是寂寞的，亦不是凄凉的。其有秋叶之静美，秋雨之洒脱。我们没有权力说秋是万物凋零的时候，也许换一种心情，秋便会用一片丰收与灿烂映红我们的青春。

2006 年 9 月

让心灵去旅行

当我还是个小孩子时，偶然地，我会撑伞漫步在花间，看着那开得柔柔静静的丁香。偶然地，我会踮起脚尖，轻轻地摘下一朵，然后闭上眼睛，嗅着香气，让我的心灵随着那紫色的小花瓣去旅行。——春，是紫色的。我顽皮地问我的心灵："你在旅行中看到了什么?"它回答说："我看到了自然，一片生机，自然是春，是紫色的，是属于温暖的。"

渐渐长大些了，却还是那么稚幼。又一次，我独自走过那个曾经属于紫色的地方。真不敢相信，那里洁白的栀子花正是烂漫，又一次，我感受到了不同的心跳。那洁白的花瓣中，隐藏着怎样一个柔弱却又不屈的灵魂呀！——夏，是洁白的。我微笑着问我的心灵："你在旅行中听到了些什么?"它回答说："我听到了自然，一片蓬勃，自然是夏，是洁白的，是属于热情的。"

又过了些日子，我重新踏上那条路，走进那里，一片灿烂，一片火红。那枫林，正在风的旋律中摆动，那枫叶，在风的音韵中飞舞。天空中掠过一只飞雁，传来孤独的雁鸣。我拾起一片叶子，噢，叶子，你们认识吗？同一个叶柄眼里，却年年孕育着新的生命，你们在去年叶子凋零时快乐地到来，而现在又要快乐地凋零去。——秋，是红色的。我皱着眉问我的心灵："你在旅行中触到了什么?"它回答说："我触到了自然，自然是秋，是红色的，是属于生命的。"

时间又一晃而过，我和同伴手挽手走进那个熟悉的地方。白茫茫的一片，枯干的树枝裸露在风中。我走近，却惊奇地发现那枝干上似乎有微微的绿意，又是一个生命的开始，又是一个春天的孕育。——冬，是灰色的。我惊诧地问我的心灵：“你在旅行中感受到了什么?”它回答说：“我感受到了自然，自然是冬，是灰色的，是属于重生的。”

我默然。那个我曾经一次又一次无意或有意闯进的地方——名为自然。在缤纷的自然里，我的心灵一次又一次地旅行，也一次又一次地成长。自然真美！自然真美！我在自然中找到了云淡风轻，享受了宁静与欢愉，构筑了我的理想家园……

等到花开，春去春又来，无情岁月笑我痴狂。但是我要等，一年又一年，我要让我的心灵在自然中成长、充实。我要寻觅！缤纷的自然，让我的心灵随你去旅行，固守它原有的纯真和童稚！

2006年11月

青春寻梦

花开有声

曾经真切地目睹过一朵花的开放，惊羡于她那娇艳欲滴的美。

那是一朵含苞待放的玫瑰，当我把它斜斜地插在一个盛着糖水的玻璃杯子里的时候，她只是一个美丽而淡远的梦，然而当她层层地舒展开来，美艳地开放时，我看到的是一个鲜活生命的恣意与热烈。

我喜欢那种恣意与热烈的生命状态，就像我一直喜欢那句“蝴蝶飞不过沧海”，在我看来，那不是一种宿命，而是一种对生命无惧无恐恣意鲜活的生命状态。

梧桐细雨

喜欢那句“梧桐树，三更雨，不道离情正苦，一叶叶，一声声，空阶滴到明”，那枝枝叶叶间淅淅索索的雨声，牵着幽远绵长的情思在潮湿孤寂的夜里弥漫开来。那是一种忧郁的情怀，一种莫名的惆怅，一种对生命诗意美的寻求。

在生命成长的岁月中，这种寻求不经意间成了一种习惯。在某个晨风初起的早上，在某个落雨的黄昏，在某个飞花的时节……一种淡淡的无可名状的忧伤便会涌上心头，然而那不是沉郁，那是青春如诗般的情怀。

依门回首

无数次想象那“倚门回首，却把青梅嗅”的娇色怯怯；无限向往那秋千架上的衣袂飘飘的神采风韵；无限崇敬那在水一方的迷离情怀，那是一种情窦初开、朦胧迷幻的情感。从此生命便平添了几分诗情，几分伤怀，几分忧郁……

于是那“无言独上西楼，月如钩，寂寞梧桐深院锁清秋”“庭院深深深几许，杨柳堆烟，帘幕无重数”“过尽千帆皆不是，斜晖脉脉水悠悠，肠断白蘋洲”“才下眉头，却上心头”……在悠悠的心事中幻化成一种淡淡的无奈，一种缺憾的美丽……

轻舞飞扬

喜欢轻舞飞扬的那种柔和曼妙，一直以为青春应该是激昂狂放的，然而不是，那种曼妙是对生命的一种诠释，对生命的一种品味。

总想去敦煌看莫高窟，去看看那些壁画，看看那些穿越千年依然飞扬的舞姿，感受历史沉淀的厚重，寻求跨越千年的知音。

在少不更事的岁月里，同样可以去感受那轻舞飞扬的真韵。

2012年3月26日

暗香浮动

走过那些/粗糙与细腻相伴的岁月/四季的纤指/指领我无痕地生长/在梦的背后/漾起一片空灵的琴音/暗香/在远处浮动

——题记

随着音乐，我闭上眼睛，仿佛在布拉格广场上回响。

第一束阳光的洞射，给予了一滴水生命，于是，它开始疯狂地生长，慢慢地，它汇成了奔放的沃尔塔瓦河。

林中狩猎的号角，乡村中的波尔卡无一不使它快活，它，裹着幸福的沃尔塔瓦。

月朦胧，夜朦胧，那水仙女似的浪花连边涌动，它，溺爱于静谧的沃尔塔瓦。

不惧怕于圣约翰峡谷，它冲了出去，渐渐远离。

我睁开眼，因为心里有一个角落，一阵阵暗香浮动。

美丽的沃尔塔瓦，你是大自然中的一位歌者吧！那来自世间万物心灵的歌唱是最美的音符，哪怕它传递着那每一次脉动与心跳，却掩饰不住那不屈的坚强。

我的心门仿佛就要打开，一阵阵暗香扑鼻而来。

雨，你是否还记得我们的偶遇。你轻轻地走近我，踏着斑驳树影的脚步细碎而轻盈。虽然我仍是独守灯前，不曾一睹你的芳颜，也不曾闻到你的馥郁，然而我却听到你诗人般的默默潜吟。用拟声词来描摹你的声音是远不够的，那将抹杀你的美丽与空灵。扣人心弦的音符如此活泼，在静谧的空气里踊跃，是那么飘洒恣意。你的歌声远远近近缓缓升入了云扉，然后弥漫成氤氲的夜气，划破了时空的界限。这才是真正的暗香浮动吧！

又忆起无意间听到的清泉弦乐。它不在乎别人的遗忘，或有多少人曾驻足聆听，它只是不断重复着自己的快乐。

《沃尔塔瓦河》，谢谢你，是你让我心中的暗香浮动，是你让我又一次拥有了纯自然的心灵。现在，也许太阳的火爆与流行充斥了我们的心，也许我们已经忘了音乐真正带给我们的快乐。我默然。

暗香浮动，我们应该铭记。

2006年12月

借我一生

总是想向别人借些什么。

借来一束阳光，让全世界感受整个太阳的能量；借来一阵清风，让所有人享受无比的清爽。想借着云的翅膀，与鹰同在天边翱翔；抑或是借着萌发之嫩芽感受似海春光。

于是，我问时光：“借我一生，好不好?”它答道：“无限往往收藏于有限之中。”我不解，它笑了，“希望你能尽享每一天时光，每一个朋友和每一个感动。”

一生就这么开始了。我用心感受着每一天。一颗花苞，就像是元宵节时的灯谜，未放开前总会有一千个谜底，借着它，我仿佛触到世界的另一端，向四方延伸着的一朵花的世界。一个水分子，当它等待了很久很久，渴望亲近大地时，它拥抱了另一个水分子，它开始有了下沉的感觉，“叭嗒”，它终于掉在了地上，溅成了幸福的泪花。借着它，我明白了：智者，当借力而行。

噢，我恍然，自然界的奥秘原来被收藏在这一花一叶中，一生的意义也被收藏在点点滴滴中。

很多时候，我们的理想是要靠别人的帮助才能实现的。当你觉得有一种力量，驱使你一直不停地追求，那是你在借着信念的力量；当你觉得对得起一生，并且一生无畏，那是借着年轻的力量。

我现在终于可以理解时光所说的话，并且为这生命中的点滴感动着：为那小而平淡绽放的灿烂；为那泪水中闪烁的欢乐光泽；为那一丝真诚笑靥中呼唤心灵的碰撞；为那时光中被定格的永远……

时光借我一生，我报以它虚怀若谷的平静，洞悉人心之后的安然，那是一种从大自然借来的睿智，也是从一生时光中借来的力量。

2007年1月

风·筝

我是一只睡着了的筝，摇曳在空中，漫无目的。有一天梦醒了，才发现好多东西牵引着我，我哭了：是相信自己还是要信赖风？成全自己的，是天空，还是牵线的手？

——题记

心情不好的时候，总是喜欢去放风筝。似乎忘了自己已是一个大孩子，忘了季节的限制，只是带着一份心情，携着风筝出门，为的是把自己的心，也放飞向天空吧！

不知从什么时候起，随着一天天地长大，面临的选择也逐渐多了起来，这便是成长带来的负面影响吗？小时候，可以将选择一股脑儿地推给父母，却不理解他们作选择时怪异的表情，自己却抱着洋娃娃傻呵呵地笑。而现在呢，我只能靠自己。高中的生涯才开始了一个学期，学校便急着要分文理科了，这使我猝不及防。也不知道自己内心的想法是什么，总觉得文理科都好，而在心里却偷埋下了一颗“文史”的种子。问了父母，他们却偏向“理工”。怎么办才好，心里好烦！我顺手拿起角落里的风筝，穿上鞋，向外走。“干什么去?”妈妈问。“放风筝”，我的语调很冷，“现在是什么季节？”“冬。”“知道就好，快放下。”“我不!”咣地一声门响，我走出了那个家。

体育场里只有我一个人。我奔跑，扯着那风筝的线。可是冬天的风，一会儿猛烈异常，一会儿却杳无影踪，怎么办才好？多次尝试之后，我放弃了。于是将风筝放在地上，我张开双臂，迎向风。霎时，如幻境般，我竟飞了起来，我拥有了一颗风筝的心。

我飞着，乘着风在蓝天边流浪。我笑着，我相信自己，于是挣脱了线，飞向太阳。可是，我掉了下去，离天空越来越远，掉向地面。我在惊恐中睁开眼，噢，只是一个梦，一个荒唐而可笑的白日梦。我的心也在刹那间醒来，筝，你究竟该相信谁？自己吗？可是一时的冲动却使你失去在空中翱翔的可能。是风吗？可是没有方向，什么风都是逆风！筝，成全你的又是什么？天空吗？可是你如何去接近它？是牵线的手？可是听凭别人的摆布是你的真心吗？是啊，生活亦如此。一花一世界，我们每个人都是独立的，都应有独自的想法，可是我们又如何能脱离其他呢？我们每个人又都是多元世界中的一元，也都需要别人的指点。我曾一度认为自己听从父母，就会让他们得到幸福，可是却不曾想过自己的幸福与他们紧密相连。也曾希望自己能有主见，去与他们争取自己的路，可是却不曾想自己是否正确。我释然，终于明白了为什么世界恒久如一而个人却会经历生离死别。谢谢你，风筝，你让我认清了方向，学会了生活。

我笑了，我再也不会迷失方向，因为我相信自己，也相信别人。

走回家去，站在门前，拿出钥匙，“哗”地一声门开了……

2007年1月

走过芳草地

总有一种声音，让人想起从前；总有一份回忆，徘徊在心的边缘；总有一种守候，即使脚步渐行渐远；总有一段日子，灿烂在遍地芳草间。

——题记

假如我们仅可以记取，仿佛在朦胧的大雾里只记取惊心动魄的洁白般，只保留更曼妙的波澜，我们是否会记得一程梦魂中，芳草碧连天?

临窗而坐，思绪绵绵。草色烟光残照里，无言谁会凭阑意?曾经梦中无数次幻想着走过的芳草地，真正走过之后，竟会是这般坦然。

走进高一，就像站在岸边青青的芳草地上，慢慢地向前走，看着周围的风景，悉心感受着自己心情的变化，在这恬静与明媚中学习着，充实自己的青春。走进芳草地，心中就如同吹过一阵微风般轻柔舒适，连思绪也会莫名地柔软起来。因为它给我们带来了不计其数的意外和惊喜，让我们在不知不觉中从冲动任性的少年变成了远方的行者。

透过阳光，我回眸凝望。走过的芳草地间洒满了我们的欢乐和忧伤。我曾跌倒过，哭泣过，眼泪也曾落入小溪，伴着花儿飘零，独自东流。但我又勇敢地站起来了，继续前行。现在才看清楚，原来那时的眼泪，只是青春对我的小小考验，为的是让我更加成熟，更加稳重，更加能承受住挫折和困难。

站在芳草地的尽处，我顿悟：留在原地是错的，时间没有停下，我们就要不停地走。一生中，我们就是要不断地告别一些人、一些事，然后又马不停蹄地追逐。

感谢高一，感谢芳草地。因为青春，所以我们在芳草地上启程；因为勇敢，所以我们不会畏惧那伸向远方的未知路上的艰难。

告别高一，告别芳草地。我会坦然自信地走过以后的一个又一个风景，然后在一个栀子花开的夏季，到达梦中的远方，到那时，心会温暖，笑会灿烂，梦里梦外都是辉煌。

2007 年 2 月

在母语的浪尖欢歌

从呱呱坠地到咿呀学语，我们似乎总在用一声声不成调的呼喊来宣泄我们的喜怒哀乐；从幼稚的孩童到莽撞少年，我们用言语诉出成长的感觉。是啊，母语，就像一片广阔却神秘的水域，一次次轻柔的浪涌总会将我们托起，向着蓝天欢歌。

一

将水浪轻轻撷取一朵 / 放入梦里 / 已然一片馨香。

母语，似一位母亲。让你时刻感受到她的温暖，却又戴着圣洁的光环，近在咫尺但遥不可及；让你时刻感受到她的亲切，却又总是保持着自己爱的高度。

于是，我选择将水浪一朵朵携来，构织自己梦的水畔。

我愿，将花开花落、云卷云舒映入我那颗感恩的心，构成隽永的诗行，让时光铭记。

我愿，感受遍野的青草，相依的水石，让它们心散神聚，化成细腻的文笔，让爱珍惜。

于是，在这个淡蓝色的梦里，我们的心情与感受，我们的铭记与感恩被小心翼翼地编了进去。

梦的水畔，弥漫馨香，浪花一朵，洞射自然。

散文、诗歌，神秘水域中的一份呀！却真实而细腻地反映了大千世界的多元，一朵浪花便就是一个世界了。

我们唱着歌，在母亲的怀抱里见微知著。

二

悠悠历史，千古一叹/文化沉淀，璀璨奕然。

母语，似一位老者。让你感受到他的和蔼可亲，却又觉得他的话音厚而凝重；让你感受到他的曾经风采，却又觉得他辉煌如旧。

中华历史，上下五千年，不断有东西消失，也不断有东西沉积下来。母语，见证了沧桑蜕变，经历了耻辱辉煌，构成他的每一个灵魂，都是不屈的生命，都是奋斗的历史，都是心中的凯歌。

所以，我爱母语，这个历史的老者，爱他描述的幸福生活；爱他回忆的陈年往事；爱他告诉我们的真理：忘记了历史，就如苍松腐了根，如生命之泉污了源。

所以，我崇敬母语，如夸父逐日一般执著。崇敬他的简明深刻，崇敬他的厚重广博，崇敬他告诉我们的箴言：失去了希望，就会灭亡。

我们静坐着，在老者的眼中读懂历史。

三

昨夜西风凋碧树，独上高楼，望尽天涯路。

衣带渐宽终不悔，为伊消得人憔悴。

众里寻他千百度，蓦然回首，那人却在灯火阑珊处。

母语，似一个窗口。当你快乐时，会让你通过它告诉全世界你的幸福，当你悲伤时，它会让你与朋友沟通，不至于一个人承担痛苦。

于是，当我很迷茫时，我会轻声问自己："你究竟在迷茫什么？眼睛看不到的路，用心可以吧？"

于是，当我因为成绩而痛哭一个晚上，天微微亮时，我会告诉自己："因为向往，所以选择远方；因为无所依靠，所以必须坚强”。

于是，当我因为一件小事与别人吵架，吵过又后悔时，我会反思自己：其实，我也错了。

于是，当我和父母彻夜长谈，终于明白自己的失误与问题时，我会鼓励自己：折翼的天使，亦能从泥地活到展翅。

突然想起高一以来，日记本上留下了好多凝固的记忆，那些点滴心情的旋律化作的文字，都是我通向心灵的窗口，那些也都是我的心情留下的痕迹吧！

我笑着哭，窗口那边，又将是一个新的我！

尾　声

母语是什么？我不知道。我只能说它像什么。在我的意识中，它就是这样一个纯粹而又复杂的东西，就像与我素未谋面却在梦里以各样的情形偶遇的大海，而我，也最爱它那轻柔而有序的波澜，真希望能永远踏在那浪尖上，唱自己喜欢的歌。

2007年2月27日

心灵有声
——读《论语》有感

初识《论语》，是在初中课本上，却不曾有感悟，只是觉得那短短十句话，可以倒背如流，便是学过了，知道了。可是，渐渐长大了，却觉有味可寻，恰又逢百家讲坛中于丹老师讲《论语》，便得来几分感悟。

总是觉得心灵是个很神秘的世界，有时自己都猜不透自己的心中是什么，其实心灵有声，只是我们的耳朵听世界太多，听心灵太少。

几个人凑在一起说话，总是能在意想不到的情况下学到点什么。开始时，也不觉得有什么奇怪，后来，又总是埋怨自己知道的太少，总是有些事情不知道。现在，才终于搞清楚：三人行，必有我师焉。每一个人都是自己的老师，无论是长辈或晚辈，只要你用心，一定能学到些什么。你可以从一个成功人士那里学到勤奋，也可以从一个街头乞丐那里学到人应自强与自尊；你可以从你的朋友那里学到宽容，也可以在敌人那里看到人性的弱点。听听自己心灵的声音：所谓境界，就是自己虽无特别之处，却善于向别人学习。

每当深夜，身心困倦却又为了明天不得不学习的时候，实在是十分生气，可是，想起《论语》，“吾十有五而有志于学，三十而立，四十不惑，五十而知天命，六十而耳顺，七十而从心所欲，不逾矩”。心中便又缓和了下来，一生的路还很长，我只是处在这第一阶段，就要言苦，那以后……算了，不想了，更何况“岁寒，然后知松柏之后凋也”。别人都在学习，我却想休息，怎么可以，听听心灵之声：做松柏，感受在寒风中挺立的快乐。

有时与朋友好久不见，心中便油然而生一种淡淡的想念，一通电话，一句问候，便别是一番温暖在心头。是不是“君子坦荡荡，小人常戚戚呢”？是啊，君子之交淡如水。可是又何谓君子，内心完美富足，先修身养性，然后显现出一种从容不迫的风度。我笑了，心灵偷偷说：一个真正的英雄其人格和思想必须是独立的。

很羡慕勇敢的人。孔子说：如果我要出行，一定只带子路。子路听了很高兴，可后面还有一句：因为子路除了勇敢什么也没有。勇敢有错吗？没有，但是不加限制，心是最大的灾害。心灵说：要做一个真正勇敢的人。

《论语》让我懂得了倾听心灵之声，它就像一股清泉，流淌在心灵与心灵之间。它没有色彩，只有温度，且略高于体温，千古恒常！

2007年2月28日

留在记忆深处的芬芳

有人说，在水中放一块小小的明矾，便会沉淀出所有的杂质。我想，如果在我的记忆中放一瓣花，也许会沉淀出所有的昨天。

自从中考以后，初三在我记忆中便变得越来越模糊。一眨眼，高一的时光都过去了大约一半，背负着的任务一天天地变化，也无暇去回顾曾经拥有的昨天。直到上个星期，原来小学时的同学向我借书，翻出的《会考指导》《黄冈兵法》等一系列资料，像一张张碎片，拼出我所有关于初三的记忆，那些模糊的往事才逐渐变得清晰。

2005 年 8 月，初三生活正式开始。我忘记了自己当时的感受，只是翻出日记本，看到唯一一句：从那一刻起，在我们琉璃般破碎的脚步声中，呼吸的童年被按下了静音……

2006 年 1 月 1 日，经过了半年半黑暗的日子。元旦联欢会上，我们大声唱了 Beyond（乐队名，可译为“超越”）的《海阔天空》。无法比拟那种感觉，歌声像大海似的，雄浑壮阔，奔入了每一个人的心里，从此，这首歌便成了初三生活的唯一消遣。

2006 年 3 月，中考倒计时 100 天开始。教室后面的黑板上写着“心若在，梦就在”。每个人都在心里写下了自己的目标，做题、考试、评讲、排名成了中考倒计时中不可变更的日历。日子就这样在做一道道习题的时候，迅速从笔尖滑到了 6 月。

中考几天就结束了，只是我想，它会将我们划分入两个不同的心境：考上的轻松自由；落榜的则独自叹息。

曾经做错习题都会烦躁不安，撕作业本，摔笔事件也常常发生。曾经一度鄙视天上的流星，认为它的生命太过短促而无作为。

现在不会了，相反，我最尊敬流星的生命，因为它那一瞬的闪耀足以照亮整个生命。

我现在回想起来，那些午后蔓延进教室的阳光，做不完的题，数不清的试卷，觉得它们不再那么让人讨厌，如同黑夜里的流星一样，发出耀眼的光芒，照亮了那些半黑暗的日子。那些漫长的路，也照亮了我们的青春。

而这些回忆，也将成为我生命中永久的芬芳。

2007年4月

窗里窗外

独倚窗边，心中默想，不远的远方，梦的天堂。

——题记

清晨，我走进校园，抬头望着那颇高的教学楼，仔细搜寻着一扇窗，幻想着透过那个窗口所应有的熟悉而陌生的景象。我微笑着被这窗里的隐隐约约感动。我正在窗的那边播种，并一直等待着收获……

坐在窗边，拿着语文课本，不知疲倦地背着《劝学》。不经意间，瞥到窗的外面，玻璃如此明净，窗外的一切都分外清晰。高耸的白杨树泛着微微的绿意，不知当初是何以将这一排排的树与教学楼安排得如此恰如其分。蓝色屋顶的食堂前有几棵法国梧桐，此时已挂满了紫红色的花，我也仿佛透过这窗，看到那淡淡紫色的香气四处弥漫。我曾经隐隐约约的感动也渐渐清晰起来，望着窗外清新的校园，我微笑着。我正在这儿成长，并等待着成熟……

漫步在校园里，正在修造中的校园花圃也渐渐呈现了各式的形状。绿色的小矮树仿佛是一道道自然的窗。我回首一望，透过那窗，看到了那深邃的风景，是一串曾经走过的痕迹，原以为只有在冬日的雪地中脚步才最清晰，也最坚定，却没想到在这花儿开了的时候，走过的脚印虽深深浅浅，凌凌乱乱，却越见清晰。我微笑着，在绿窗的那边，我不曾停留，我满怀求知的激情……

走廊里，我倚窗而视。那每天为我们敞开的大门，还有那停满自行车的小广场。一种莫名的感动好像又从远处涌来，窗外的一切霎时间又变得朦胧了，我陷入遐想，眼中渗出一层薄薄的雾。

这不只是校园，窗里窗外，这伴着我成长的，是一片青春梦田。所有的感恩、坚定、苦涩和执著都被它所浇灌着，成了青春的颜色！窗外的一个玻璃世界伴着我们从天真走向成熟，虽然有欢乐也有忧愁，但却永远无拘无束。那随风飞翔的无止境的思绪，都给予了我无尽透明的感动。

天空突然下起了雨，我的思绪又在这雨点声中慢慢清晰，看着窗外的校园，才发现紫红色的梧桐花不会飞，才发现校园的小径上并无真切的足迹，才发现原来真正从梦田中学到了：其实风景就是心情……

窗里，所有悲伤，都已遗忘，留下一丝笑容。窗外，所有快乐，都已定格，留下一片灿烂。

窗里窗外，是一片青春梦田，见证着我的成长，播种着我的愿望，它默默为我守候着，那一朵太阳花的微笑绽放！

2007年5月10日发表于《陇西一中校报》第2期，总第94期

梦里孤旅

梦里孤旅，路在何方？我在漫天大雾里，寻找属于我的开始。

——题记

昨夜西风凋碧树，独上高楼，望尽天涯路。

独倚窗前，思绪不绝如缕。站在走出高一的门槛上，我不禁困惑，是停留在原地，还是要走下去？路的开始又在哪里？看着窗外的叶被雨轻柔地拍打，叶上的水滴顺着叶脉滑落，我想，叶子大概是在为此哭泣吧！可是突然间，我瞥见了叶子上的那个水滴中折射出了七彩的光泽，那光刺入我的眼睛，竟比太阳还要耀眼。我淡然一笑，原来那水滴中折射出的是希望，是一种对远方的憧憬。哦，有了希望，梦便开始了。

衣带渐宽终不悔，为伊消得人憔悴。

不知何时，我变成了一个向往远方的行者。向往远方，却不知怎样可以到达远方，遥远的地平线，古人叫它天涯。忽然有个声音告诉我，天涯海角其实就在我们心中，远方，其实就是人一生的追逐。我默然，原来只要看远方，就能够坚定信仰；而信仰，就是伸向远方的开始呀！

众里寻他千百度，蓦然回首，那人却在灯火阑珊处。

我总是困惑，人的一生，总是要经历无数次分离、结束。有时候一切都结束了，还怎么开始呢？突然自己仿佛置身操场，是一条跑道。我摆好姿势，准备起跑，却发现自己站在终点上，而前方，依然是漫无止境的路。我释然，人生路那么长，每时每刻都有人与自己同行。开始，邂逅，离开，结束，然后又往复循环。

才明白原来是他们丰富了生命，诠释了开始。

人生，就是要不断地告别一些人、一些事，然后又马不停蹄地追逐。很多次，我们就是在终点起跑，跑向漫漫长路。我想我找到自己的开始了，是希望，是信仰，最重要的是心，只要心不停，一切便都是开始，毫无止境。不要惧怕终点，它是又一个开始，就像太阳落下，我们就开始等待；就像太阳升起，我们就开始追逐一样。

梦里孤旅，路在前方，我已领悟了开始。

行到水穷处，坐看云起时。

2007年9月5日，发表于陇西一中《蓓蕾之梦》第3期

梦里花

在时光中默然前进／所有的选择都在岁月中洗礼／灵魂，也在成长／放弃，抑或不放弃／反反复复中／我的心开始释怀

花开含泪

可曾听过，有一种花，名叫不谢？

在擎梁山峭立的岩壁上，不谢花的种子将根系深扎下去，吸收那天地灵气，日月精华，长至百年。一旦足了，不谢花便灿烂开放，千年不谢。若有流星划过天地，繁如星辰的不谢花便齐齐摇摆，盛开在那一片朱颜海里。

选择以苦守千年的代价，换取永世的不谢，不谢花做到了。她放弃了可以随处开放的权利；放弃了可以生长在平原大地，与其他花朵竞相开放的机会；放弃了一次又一次轮回的真理。但她同样坚持着，她不会放弃自己做出的选择，不会放弃自己千年不谢的梦想。

那是一种精神，灿烂开放，千年不谢。

你可曾想过不谢？

花落有情

昙花一现，只为韦陀。

这是一个古老而又浪漫的传说。昙花是个花仙，韦陀是神。昙花爱上韦陀，从不开花的她终于为韦陀开了一次最美丽的花，却从此红消香断。

可是谁又懂得昙花一现的真正含义？

或许你发现了，昙花放弃了生命，却不放弃爱意；放弃了永恒，却不放弃绚烂；放弃了时间，却不放弃意念。于是她用生命的瞬间坚守了爱意的永恒，也换来了世间最美的称赞。

梦外看花

走在成长的道路上，我一直反复地思考自己想要什么，到底想做什么。反复地不确定，确定，然后又不确定，于是有时便反复地不放弃，放弃，然后又不放弃。但现在我终于确定了，我们必须放弃一些人一些事，才能在自己实现梦想的道路上不放弃。我们也无须向那些被放弃的人或事感到愧疚，因为拥有的时候，我们也许正在失去，而放弃的时候，我们也许又在重新获得。

梦里花开，梦里花落，梦外的我开始释怀，放弃一些，坚守一些。我愿做不谢花千年不谢，也愿像昙花那般为爱献出一生。

2007年9月

沿水独行

我想成为，独一无二，
在我的梦里，
沿水独行。

水，一个寓言

澄明的心，博大的爱。水，不染纤尘，捕捉着宇宙万象的美，以及每个事物与它亦真亦幻的相遇。

然而，并非所有的事物都会明白水的心。

风不理解，它嫉妒，它不愿看到水如梦幻诗般的文静。起风了，水中的幻影消失了，水底的天空破碎了。风笑了，它看见那慌乱的水纹中一丝亘古不散的迷茫，风说："我要吹散你心中的骄傲与虚荣。"可是水默不作声，既然你要吹，那我就随着你舞。

风停了，水又安静下来，还是以深沉明净的心胸接纳一切，也显现心中的一切。云朵、天空、天空深处若有若无的幻影，以及那一闪而过的飞翔的鸟，还有那岸上时而摇动尾巴的牛，都在水中一一呈现。而刚才风携来的不理解与嫉妒，也化成了水一抹恬静的笑容。

一个伟大而虚幻的寓言，在水面世代上演：风的嫉妒，由它去吧，水依旧宽容淡然，独向万物。

可笑我独行

独自走在水的边缘，心中不禁怅然。很多时候，追求完美，却又达不到完美。无论事情是怎样的结果，总会有或多或少的人不理解你为什么这样选择。我很在乎别人的看法，于是总想得到所有人的理解，然而总不能如愿。

水中的石子依然保持着苍凉的表情，我望着水，渴望得到答案。

一只白鸟从远方飞来，它在水中投下的影子正好和我的影子叠合在一起，它变成我的一部分。我也变成它的一部分，我突然明白，要流逝多少岁月才会出现这样一个瞬间？要经历多久才会与一个陌生的心灵达到完美的契合？每个人都不同，所以永远都会有人不理解你在干什么，但只要自己坚持并心中无悔，就会得到理解，哪怕给你这份理解的只是一只匆匆掠过的飞鸟，抑或天空下的一方柔波。不必刻意向不理解你的人解释什么，保持一分宽容淡然，就像水一样，将别人的不理解化成自己嘴角一抹无瑕的笑容。

沿水独行，携着一颗宽容的心，留给世界一个淡然的背影……

2007 年 10 月

心灵镜台

有这样一座镜台，只用于心灵的交流。于是在那一天，当三个心灵相遇的时候，曾经高傲的，忏悔了；曾经纯稚的，执著了；曾经迷惘的，释然了。

忏悔的心

曾经的我，是一只心比天高，能自由翱翔的孔雀。习惯了每天的自由自在，习惯了每天的翩然飞舞。我有一个五颜六色的尾巴，每当我飞舞时，它也随着，就像天边最绚烂的彩霞，我也为它沉醉。

忘了从什么时候开始，我沉溺于我的尾巴的美丽，每天，很多人的赞赏与追捧，于是我忘记了飞翔。

在我忘了飞翔的时候，我也永远失去了天空迷人的湛蓝。

今天，我要忏悔自己的错：总是在得意之间，忘记了自己的尾巴是因为飞翔而更具神韵。

不要忘记自己会飞翔 / 不要忘记自己曾经的梦想 / 当你忘记了 / 也就迷失了方向

执著的心

我比所有的鸭子都丑，他们都叫我丑小鸭，妈妈也不喜欢我。

但我知道，在我的内心深处，有一个纯洁的念头：我不是一只普通的鸭子，我有一个名字，不是丑小鸭，而是白天鹅。

春夏秋冬悄悄转了一个圈，我知道，自己已经由纯稚变得执著了。忘不了春天的暗下决心，忘不了夏天的伤心哭泣，忘不了秋天的反复努力，忘不了冬天的寒冷练习。我知道，只要我坚定了，再过一个春秋更替，再过一个冬夏轮回，我一定会变成白天鹅，去经历属于自己的精彩。

天高吗 / 踮起脚尖 / 就能触摸到阳光的羽翼

释然的心

我静静地躲在镜台的一角，听她们诉说她们的故事。生命的不羁与恣意，梦想的遗忘与追求，都已被镜台上的每个心灵铭记。

骄傲的孔雀，不论什么时候，都要把持住自己，尾巴只是你美丽的装饰，而天空才是你永远的家啊！执著的丑小鸭，我也相信你纯洁的梦想，让我们共同期待吧，展翅飞向你梦中的天鹅湖。我也该回去了，带着镜台上所发生过的故事，回到属于自己的天地。我相信，我永远都不会放弃收获和追求，也不会因为别人的赞赏而沉溺于幻境，我会执著地走下去。相信我，等到下次再来时，我一定会带上我的故事，只属于我自己的故事和你们分享，一个和别人不一样的故事。

老天忘了给我翅膀 / 于是我用梦想飞翔

2007 年 11 月

认真的雪，无意的心情

原来认真地以为，今年的冬天会没有雪，干燥的空气，压抑的阴霾，没有一点来自冬的慰藉。因为这个冬天，要发生太多的故事，一些让我们猝不及防的事。

然而在那一个安静的冬夜，当那些纯白的精灵，轻盈地降落到这个小镇的时候，他们是不是也知道我的心情。

我喜欢雪，那种剔透的感觉，很美好、很圣洁，仿佛它能飘进我内心最柔软的角落，然后随着我的心跳慢慢融化，但这个冬天却注定不一样。一连十几天，雪都在下，没有停，南方的好些地方都下成了灾，我担心着南方被困雪中的朋友，亦有太多太多需要释怀的东西。

我想要说一声谢谢，不为别的，就为人与人之间美丽的相遇，也许不到最后一刻，我们都不知道这个相遇真正的意义是什么，然而这份感动，就足够了。看着窗外的雪纷纷扬扬地飘着，突然很想走出去，在雪里，去冰冻自己的心。这几天一直待在家里，在外面的时间加起来，也没有十分钟，我固执地坚持着，虽然内心的想法并不和自己的现实相一致。然而很多事情，即使付出，也注定会失去，那么，就让我做一个美丽的牺牲吧。

说到离开，谁都不愿意。一个人，一个地方，之所以对你有意义，是时间让你对它产生了感情。我暗自笑笑，我的手套，被我无意地丢在了那间教室里，就是我曾学习了一年半的地方，回想起来，是那么熟悉，说不清，道不明。每天，背上书包，走这一条很熟很熟的路，走向那个并不是很大的校园。也许时过境迁，我们才真正发现，一些东西就那么轻易地从我们身边溜走，甚至不曾告别。生命的悲剧在于，时间浪费掉我们的生命，我们还要时时刻刻牢记它，并反复作为回忆。

一直想不清雪为什么会这样轻易地触动我。我一直想着过去的事，突然得到了答案。原来雪落在手上的感觉，就像是泪流过眼眸，清清凉凉的，很纯净，有一种独特的质感。原来，泪，就是我灵魂中的雪。

假如我们认真地回忆，我们是不是会想起一些埋在记忆里很久的事，一些早已被尘封了的事？原来一些谜底早已被岁月揭开。不是七月，空气中却溢满毕业离别的味道。有人说，相聚就是为了别离，是吗，我不知道。但是却可以坚定，因为我会笑着说出，直到离开时才明白，原来我们已无法走开。

说好，走了，就不再回头。也许是觉得，只有这样，才能欣赏到不同的风景；也许是觉得，回头意味着伤感。一直以来，对伤感的情绪，总是有所顾忌，不愿身陷其中，累了自己，也让朋友担心。总以为，自己多是与快乐为伴的。只是，不回头似乎很难做到。过去的种种快乐，种种哀愁，即使不刻意想起，在某个特定的时候，某个特定的环境，自然而然地，就轻轻想起往日的情形。也许，一生中，我们就是要不断地告别一些人，一些事，然后再马不停蹄地追逐。是不是当我们长大了，那些曾经在乎的，也就消逝了。

雪，认认真真地，填满了这个冬天，十几天的飘飘洒洒，终于在今天停了下来。天气预报说，明天还会有雪。有时候真的很想像雪一样，不去在乎别人的看法，想冰冻自己，就随着风飘下来，然而我不可以，也许所有的一切，都只是人生的必需吧！

冬天过了，雪就会消失，可是这个冬天在我心里积下的雪，呵呵，我想，可能会蔓延几个世纪吧。

认真的雪，我无意地听你坠落的声音，清晰，透明。只是，我的心情开始变得模糊不定，自己究竟想要什么，我不知道。也许只是在慢慢地尝试，长大的味道……

后记：压抑了好久的心情，终于在今天尘埃落定，也许是自己太累了吧，好想就那么躺在雪地里，和雪一起慢慢融化掉。曾经的不确定，还是不确定。可是，自己的路，始终是要自己走。

2008 年 1 月 28 日

时光的旁白

高中对我最重要的一个转折点，应该就是高三时从理科的重点班转去文科班的时刻了。爸爸妈妈因为我的决定担心不已，我却还全然没有考虑到这个决定的危险性，最让我难过、纠结的，就是和“无敌一班”朋友们的分离。高中的我正是“少年不识愁滋味，为赋新词强说愁”的年纪，想到离别，就难过不已。虽然现在看来，当时只不过是要从三楼教室搬去四楼教室而已。我是个很看重朋友的人，也是一个不甘寂寞的人，喜欢和朋友们打打闹闹在一起，绝对坚持“独乐乐不如众乐乐”这个真理。写这篇文章的时候，我正处在最挣扎的那个寒假，每天起得很早等着老师来补课，还不知道自己到底适不适合学文科，也不知道这样是不是太冒险。但诗人说过，大雪的冬天总会过去，你会看见嫩芽，看见新绿，看见未来明亮的人生。你看，现在朋友还在我身边，梦想已离我越来越近。

学会放弃，选择放弃

如果你要想得到或者留住一些东西，你首先必须放弃一些东西。

有时候命运会迫使你必须放弃才可以得到或留住。

如果你不想“舍弃”一些，你会连其他的一些一同失去。

沙子的命运

“我放弃了阳光、雨露、清风，于是在蚌壳内，不知不觉中蜕变成了美丽的珍珠。

一个养蚌人，他想培育出世界上最美的珍珠。

一粒沙，它想成为世界上最美的珍珠。

它无怨无悔地随了养蚌人而去。

当它坚忍地走完那条黑暗的、苦难的历程，一颗平凡的沙砾变成了世界上最美的珍珠，不再是平凡的沙砾；几多煎熬，终于重塑了生命，不再会随风化为尘埃。

不要去嫉妒这颗珍珠，当初它选择放弃平静、舒适的生活，选择成为一颗珍珠的时候，谁都不愿像它一样。

浴火的凤凰

“我放弃了安逸、自足、快乐，于是我飞向了火；带着一切火红和灼热，经历了重生”。

水凉如冰。

一只新生的小凤凰眼中闪烁着坚定的目光，是的，要成为一只火凤凰。

于是，火一次次吞没它，断翅，黑暗，但它从未忘记自己是一只火凤凰，尽管羽翼伤痕累累，但它坚信，既然当初选择了放弃安逸，就一定要带着火飞起来。

终于有一天，它离开了大地，在近乎沉沦的最后一刻飞了起来，在火中实现了重生。

不要去嫉妒这只火凤凰，当初它选择飞向火海，经历重生，选择成为一只火凤凰的时候，谁都不愿意像它一样。

坠落的流星

“我放弃了平凡、宁静、生命，于是我成就了宇宙中最辉煌的瞬间”。

一颗星星，它厌倦了在固定的轨道上没日没夜地往复。

于是，它努力挣脱束缚，它宁愿放弃自己安逸的生活。

终于，它在陨落之前对未来的渴求和憧憬幻化成了短暂但震撼人心的辉煌。这就足以照亮它短促的一生，照亮整个宇宙，使夜空中其他的群星黯然失色。不要去嫉妒这颗流星，当初它选择放弃生命，选择成为一颗流星的时候，谁都不愿意像它一样。

学会放弃：柏拉图正是放弃了对苏格拉底唯物论的信仰，才创立了自己的唯心论，从此师徒二人有如日月在哲学史上交相辉映。

选择放弃：比尔·盖茨放弃了自己在哈佛大学的学习，投身商海，才成就了20世纪人类世界的一个神话。

放弃你紧握的拳头，展开来，你会获得大把大把的阳光；学会了放弃，才能够向成功的彼岸迈进，成就自己的辉煌！

2008年4月20日发表于陇西一中满天星文学社主办的《满天星》第2期，总第21期

走过台阶，收获成长

我缓缓踏上时间的台阶，沿途，很平静地欣赏，将所有应该铭记的，都精心装订，小心收藏。

千年一叹

时间的前端，是悠悠的历史。

我站在这一阶上，欣赏着祖国山河的雄伟。长城，故宫，它们是我们祖先智慧的结晶，是属于世界的文化遗迹，所有人都为之骄傲吧！可是当我又上了一阶，以一个新的高度仰望他们时，却发现这雄伟之后隐匿着多少悲凉。雄伟而又高大的长城下，压了多少人的故事；深深的故宫中，又隐藏了多少无奈和辛酸。而如今，它们呈现给世人的，又有多少能被世人读懂。当人们走在长城上时，有多少人能想起这一段长达几千年的历史，他们只感叹于长城构造之奇、气势之宏伟。当人们奔走于故宫中时，又能有多少人会透过那些朱颜未减的柱子而想到一个王朝的兴衰。

悠悠历史，千年一叹。我将它们收藏了起来，因为我相信，时间会使记忆风化，属于我们的历史也一定会在某一个台阶上，被我们重新认识，并永远铭刻。

寻找远方

带着历史，走进现实。前方的台阶已看不见了，并不是没有，而是它需要我自己去踏出来，这是时间对我的考验。是啊，当我已从历史中学到一些东西时，我已变得无所畏惧。前方的台阶，是属于我的。向前走，走上一个台阶，我看到了真实的生活，于是我学会了如何收藏快乐，如何释放悲伤。又一个台阶上，我经历了失败，但我将它收藏，作为青春对我的小小考验。因为青春，我们马不停蹄；因为青春，我们毫不畏惧伸向远方的艰难。时间的台阶绵绵无尽，我走着，拥抱地图上宽阔的远方，我知道，我会将所有经历过的台阶作为伸向远方的导航。台阶，给我启示，给我力量。

站在时间的台阶上，遥望那远方的晴朗，我默念：坚持自己最初的梦！也许在这个世界中，我只是渺小的一粒沙，在漫漫的时间中，也只是短暂的一段，但是我在时间的台阶中成长了，铭记了。当我平静地欣赏时，所有的一切都被精心地装订，小心地收藏。

台阶，谢谢你见证了我的成长。

2008 年 5 月

天使旅行箱

每个生命诞生的时候，都毫无思想，毫无牵挂。但是我知道，每个人都拥有一个天使旅行箱，放在心里，因为那里面承载着的，是生命的重量。

——题记

曾经以为，没有梦想的人是快乐的。因为他不会觉得疲惫，不会为挫折掉眼泪。他的生命也是轻盈的，不会因为梦想而喘不过气。于是我尝试着放弃梦想，的确，脚步轻盈了许多，但却失去了方向。才发现，原来没有梦想的自己，只会离成功越来越远，只会错过很多生命的美丽。我默然，将梦想收起，放进我的天使旅行箱。它是我生命中不可缺少的重量，背起它，我不再后悔，因为它的重量，会变成我高飞的翅膀。也终于明白，眼泪没什么，梦想它本身就是一种快乐，我尝试着把眼泪种在心底，让它开出勇敢的花，可以在疲惫的时候，闭上眼睛闻到一种芬芳。

曾经以为，没有期待的人是快乐的，自己不期待，也同样不被别人期待。因为这样生命会是轻盈的，不再有愧疚和负担。于是我尝试着放弃期待，的确，脚步轻盈了许多，但却失去了坚持的力量。才发现，原来一直是被别人的期待所支持，被别人的期待所赋予勇气。我淡然，把期待收起，放入我的天使旅行箱，它是我生命中不可缺少的重量，背起它，我不再后悔。转过身，看着他们期待的眼光，我大喊：我想放弃，但我为你们而坚强；疲惫不堪，但爱助我渡过难关。擦干额上的汗水，我开始坚定地向前走，我知道你们就在前方，不远处。

曾经以为，没有责任的人是快乐的，没有错误与束缚。于是我尝试着放弃责任，一个生命应该承担的责任，却发现生命失去了意义。才发现，责任是生命中不可缺少的重量，因为它，生命才更恣意，更完美。我释然，把责任收起，放入我的天使旅行箱，没有怨言，只因这承担的快乐，继续向前。

生命因为有了重量，才变得更加有意义。把生命的负重，放入天使旅行箱，背着它，直到发现，生命因负重而闪亮。

打开天使旅行箱，我又笑得很漂亮，就像从未迷茫一样。拿着天使旅行箱，我又找到了方向，沿途很平静地欣赏。背着天使旅行箱，我决定去远方，落过的眼泪，又回了眼眶。我守候天使旅行箱，感受生命的重量，遥望那淡蓝的晴朗……

2008 年 7 月

我心永恒

我在冰封的深海，
我寻希望的缺口，
却在午夜惊醒时，
蓦然瞥见绝美的月光。

古老的故事

该不该搁下重重的壳，放弃树尖上的蓝天？黄鹂在树上叽叽喳喳地笑："看你真不自量力，这么慢，只怕你爬上来，春天早就过去，葡萄也该熟了。"我低头不语，作为一只蜗牛，我已经是尽力在快些走了。黄鹂永远不会了解我那个关于蓝天的梦想。背着重重的壳，努力地向上，很苦，很累，但我是快乐的。我相信有一天，我会爬到树尖，等到阳光静静亲吻我的脸。

解释永远是多余的，因为懂你的人不需要它，不懂你的人更不需要它。

昨日的誓言

"我贫穷、低微、不美丽，但当我们的灵魂穿过坟墓站在上帝面前时，我们都是一样的。"我是简·爱，我有我的梦想。当铺天盖地的嘲笑向我袭来时，我仍然坚持了自己的誓言。因为我知道，世界上总有一半人不理解另一半人的快乐与追求，我只愿做好自己，别人的不解，就让它随风而去。

今天的执著

我站在河岸边，望着河水飞快地流淌。

这条河叫做梦想。

我挽起裤腿，准备渡河。远处传来一片嘲笑：“又是一个傻子，傻子。”梦想，也许真的太长，也许真的冷若冰霜，不然怎么会有这么多人望而却步，本要向河的那边去，却在这边自己将自己站成了岸。我义无反顾，远处依然是嘲笑。我知道，他们永远都不会了解我小小的梦想，河的那边从来不是岸，而是天空。到了那里，梦想便会开始照进现实。我也知道，若因为无知者的嘲笑而放弃，我的生命将永远是悲哀的。

永恒的箴言

时光荏苒，我心依旧。我的身旁总有嘲笑和不满，我也开始释然：有时候，只要自己相信自己就够了，因为没有人能代替你生活，也没有人能代替你成功。我也开始相信，在大千世界的一角，一定会有一个人理解我的快乐，因为我们都有梦，我们就会通过真诚的心而灵犀相通。

许多嘲笑源自无知，真正的快乐来自心灵，它们都只是扇上的烟云，唯有我们坚持的方向，始终如一。

2008年9月

最后一个夏天

高考录取陆续开始，也意味着我们被洒向全国各地。今天已经知道两个朋友被录取，我的心情也开始变得喜悦而忐忑。其实有好多朋友将来会和自己在一个城市，也有好多朋友即使在离自己很遥远的地方，也依然会传来温暖。听着一首首煽情的歌，看着一张张毕业那天留下的照片，终于明白，分别在所难免。

这两天在新东方学英语，只有短短十天的课程，却已经跟旁边的同学有了很深厚的友谊。小芸格、小高，呵呵，认识你们真好，明天就要结课了，我真的有一些舍不得。人和人的相处，是需要时间的，天天朝夕相伴在一起，就会彼此了解，就会开始慢慢地相互习惯，变成很要好的朋友。在月底要参加的那个班，还要结识新的朋友，还会有欢笑，还是要离开，要分别。也许就是这样，人生的每一个驿站上，总是有很多陪伴你的人，但是总是在一个终点，他们是要慢慢离开的。能陪你永远的，只有自己啊，所以要有健康的身体，坚强的个性，是不是啊？不仅要依靠别人，还要成为别人的依靠。

早就知道相见时难别亦难的酸楚，可是真正到了这最后一个夏天，心情却是一种出乎意料的复杂——就是知道有分别，可是更相信，前方总有更美的风景。只是那些回忆，我们之间的，永远不会改变的，不会因为时间而消失。只是作为当事人的我们，怕是慢慢地不会在乎那些过去了吧，可它就存在记忆里啊，发生过的事，是永远不会消失的。所以，当哪一天，你变了，我们都变了的时候，请不要怪时间带走了什么，不要……

后会无期，是谁写下的无奈？后会有期，又是谁心中的期待？

我们应该这样，脚踏荆棘，不觉痛苦，有泪可落，却不是悲凉。最后一个夏天，我们只能且行且珍惜，不要太多地去想。分别，如果要来，就把它只浓缩成那最后一天的伤感，我们笑着拥抱，笑着说再见。我们踏上南北相向的列车，希望对方永远幸福，希望再次见到时，他依然是那个不掺任何杂质的人。希望……

最后一个夏天，我们就要说再见，我想知道你会记得，我的哪一点……

请你相信，即便是天涯海角的距离，只要心贴近着，就永远听得见喧嚣中那不变的鼓励，也许是站在那片空旷天底，片刻的停息，还是会想起那些人，脸上泛起笑意。也要相信，我们的身边还会出现一些人，会在你伤心的时候陪着你，会在你困惑的时候告诉你很多道理。当然，还会有爸爸妈妈的电话，还会有一些远远的地方传来的短讯，一些不经意间的温情。

我们已经很幸福了，不是么……

2009 年 7 月 11 日

往 逝

逝去的岁月要怎么来衡量？其实，就是遇见几个人，听过几首歌，我们就长大了。

——题记

海在笑/笑有人天真得不得了/笑有人以为扬起头/眼泪就不会往下掉

记得小的时候，总是爬上家乡那个不知名的山，和朋友们一起许下种种的诺言，觉得自己有拯救世界的能力，觉得我们之间的友谊也许一辈子都不会变。都是高估自己了，不知道自己都是那么些小小的人儿，不知道自己站着的那一角其实只是一个小小的山包，而不是什么君临天下的高度。昨天在街上碰到了小时候的好朋友，他已变了个模样，个子高高的，我们迎面走过却没有认出来。当我转过头，看到了他的背影里有小时候的影子，只是已全然不是那个人了，感觉变了，不可能再有那时的欢乐嬉戏了。终于知道，一切都抵挡不住时间的消磨。纵然那个时候，有多少个电话打来，有多少次的默不作声，也终究换作一次擦肩而过。QQ在“滴滴”地响，我看着她的名字，曾经是那么亲密，我们一起学舞蹈，一起藏在我们的家属院楼下，偷偷地探头看着，现在却连回她一句话，都要努力思考。我们似乎还是像小时候那样对对方好，我借给她书，告诉她哪个医院可以治皮肤病；她在我校庆需要裙子的时候，二话不说拿来她最爱的连衣裙给我，虽然最终还是没有用上。我们都在努力，我感觉得到，可是四年的分离，已经让我们都有了太大的改变。也曾尝试牵着她的手在校园里走着，可最终还是觉得距离有些遥远。

是不是，所有的心，都没法负担太多，有时候，必须放下一些，才能更好地生活。

有些故事还没讲完那就算了吧/那些心情在岁月中已经难辨真假/如今这里荒草丛生没有了鲜花/好在曾经拥有你们的春秋和冬夏

喜欢BEYOND，是因为三班，是因为《海阔天空》。尤其记得在快毕业的时候，那些男生天天歇斯底里地唱着喊着，我就真的这么被感动了。那叫朝气吧，对，那是希望，是梦想。那时总是年少青衫薄，头发蓬松，表情斑斓，总是喜欢出神，喜欢眺望，那时阳光凌乱，晴雨无常。很多故事，在一幕幕地上演。总以为人与人之间的关系是很微妙的，说不清，道不明。记得是跟一个算是要好的朋友，所有人都总是拿着我们俩比较，任何方面，我们也总是暗地里较着劲，不能输。然而时间流逝，最后，我也终于明白其他的一切都是不重要的，我还是渴望她的友谊的，我还是希望她快乐的。后来我就写了封信给她，终于可以怀着坦诚的心叫她青青。现在回想起来，我们当时真是不懂事的小孩子，为了别人没有意义的一些比较，一些议论，险些失去了对方的真诚。还好，现在的我们，真的是心贴着心的，走在一起。我也总是会想起一个中秋月圆之夜，伴着悠扬的笛声，那首《月亮代表我的心》就真正地吹进了每个人的心里。我相信那一切都是美好的，纵然一切都在发生着变化，可那份淡淡的青春，纯纯的爱永远不会失去。过了那天，当一切慢慢沉淀，我也终于收获了那份最真挚的友谊。

左耳的速度/靠不上离别的肩膀/走啊走/你在南方我在北方

甜言蜜语，说给左耳听。

去了一班，和好多人有了交集，却还是不懂怎么相处，总是干违背自己所想的事。曾经看到过一篇文章，是写人性的弱点。人们总是对自己不喜欢的人笑，却总是伤害自己爱的人。人们总是不能原谅自己的朋友，因为觉得他是朋友，那怎么可以干出伤害自己的事，于是再次见到他，还是躲开了。可是很多年后，却可以和曾经很讨厌的人相遇大街互相寒暄，因为他的一切，我们都不在乎。其实，没有任何事情是理所当然的，没有人天生注定一定要对你好，所以，只能且行且珍惜。后来去了十四班，终于觉得心里踏实了，也似乎成长了，不再独上高楼，不再为赋新词强说愁，终于愿意全身心地进入自己的状态。熬到了今天，终于收获了。身边的他们也一个又一个地找到了属于自己的地方，一些故事还来不及上演，一些话还来不及说。再见也许是再也不见，结局也许是没有结局。左耳的速度，靠不上离别的肩膀，你在南方我在北方。北半球的地转偏向力，最终会把我们的心都变成什么样，谁都说不清楚啊！

笑容开满，平淡的眼睛
无语斜阳，长长的身影
往逝，离去

2009年8月4日

后知后觉

原谅我，走过这冗长的时光，我才明白一些事

过去的一点一点，零碎成脚印

一切的后知后觉，一切的不如预期……

再来到这个地方，竟没有了原来的感觉。曾经见到的北京，是大气，是辉煌，却没有什么归属感，站在天安门前，心中只是空空的回响。

终于开始了这里的新生活，独自一人的，面对所有未知的挑战。从来没有离开过爸爸妈妈，从来没有离开过他们，甚至从来都只会把害怕挂在嘴边的我，也开始渐渐地习惯那些第一次。第一次，我背着挎包在校园里内心忐忑表面冷静地漫无目的地逛；第一次，面对着自己即将生活四年的地方，感到遥远，感到慌张；第一次，挽着室友的胳膊心里默默地想，她们以后就是我的亲人；第一次，躺在床上为了自己的不争气泪流满面，却不再娇气地哭嚷；第一次，面对着洗衣盆里的泡沫发呆，最终拿着自己洗过的第一件衣服开心地笑；第一次，提着水壶走在晚间的校园，感受真实的重量……

原以为爸爸妈妈离开的那一天，我会伤心不已。我看着那辆车驶出了人大的门，慢慢地远了，离开了我的视线，有一丝丝心酸漫上来，然后就红了眼睛。我终于理解朱自清先生的《背影》，那离别，是隐痛。不过还好，我学会了该怎样长大，那一刻，我没有害怕，只是坚定。后来的几天，每天都忙于各种讲座，真的是很少想家，只是在每晚的电话声里，听到妈妈哽咽的声音……

慢慢地开始认识周围的人，各式各样的。从破冰到军训，从不熟悉到熟悉，从生涩到信任，就这么一路走来了，有欣喜，有

挫败。挫败的时候会想家，会想爸爸妈妈，会想一直陪伴我的他们。开始时总有些接受不了，有从云端坠落的感觉，怀疑曾经的自己，会偷偷地躲在角落里，一个人想原因，一个人想心事。看着周围的熙熙攘攘，明白自己心情的不合群却依旧无法释怀。我开始翻过去的照片，一张一张的，像浏览岁月般仔细。看到爸爸妈妈和我的照片，我的头搭在爸爸的肩上，挽着他的胳膊，就突然感到了温暖、安全。

原谅我的后知后觉，终于明白了那些爱我的人并不希望我是那个最强的人，他们只是单纯地希望我能永远幸福快乐，这才是他们最大的荣耀。

原谅我的自以为是，我终于肯承认自己的平凡，不再执意做那个接受掌声的人，我会在适当的时候选择站在道路两旁，为别人鼓掌。

还有我的朋友们，看着你们的照片，从好远好远的地方发来的短信，我总是会不自觉地想起从前的日子。在这里，会有人说我平凡，会有人说我的生活很单调，会有人说各种各样针对我的话，可是因为想起了你们，我就知道，我从来不曾一个人。不要总是告诉我你们忘了我的生日却又给我惊喜，不要总是放心不下我在难过的时候又给我勇气，也不要总再叫我小孩，说我心思细腻多愁善感。偷偷地说，这是你们了解的我，是最真实的我……

你们，和我的青春有关。那些听过的 CD 和默念过的诗篇，那些窗外的梧桐，和常常带着笑意骑着单车载我经过的少年。那些痛过笑过沉思过的往事，那些受过伤的破碎的时光，都刻进了我的记忆，一秒钟变成漫长的永远……

我舍不得，只是时间回不去了……原谅我，因为我的后知后觉，在那么漫长的时光里，珍惜得不够，抱怨得太多。现在我回转身，看得到，你们给我的满满的爱。

2009年9月27日

这种感觉很美好

想到在为自己以后的生活打拚，这种感觉很美好。

今天老师说，有一种方法叫做逆向思维工程。

想一想 20 年后，我在某一繁华都市的高楼的顶层，那是一个下午，有着暖暖的太阳，我工作累了，揉了揉疲惫的眼眶，拉开了百叶窗，俯瞰着自己生活的城市。车水马龙也不让我觉得心烦，因为还有在阳光下安逸的海湾中的水闪烁着微光，这种感觉很美好。

想一想 20 年后，我可不再接自己不想打的官司，我可以有属于自己的休假时间，我可以像现在的某些牛人一样，说 1000 万以下的案子我没兴趣。然后以一个合伙人的身份，看着那些刚毕业的学生在这里做助理不太成熟有时候又冒冒失失的样子，笑一笑觉得自己也是那么过来的，这种感觉很美好。

想一想 20 年以后，钱已经不再是什么追求，我有了自己的房子，自己的家，爸爸妈妈还是很健康地和我生活在一起，不用为了今天没米没面没钱交电费而担心，这种感觉很美好。

那么我只需要，上一个耶鲁大学法学院的 JD，经过三年半的炼狱般的生活，然后回国，应该就会在那时得到那样的待遇。

上耶鲁大学法学院的 JD，拿着全球第一法学院的录取通知书，享受三年的磨炼时光，即便累到没有睡觉的时间，被别人笑称为女博士，这感觉依旧很幸福。

然而我只需要，在那个变态的比 GRE 难上百倍的 LSAT 考试中，在 180 分满分的情况下，拿到 173 分以上的成绩，那么耶鲁大学的校长就会来告诉我，孩子，我要你了。

然而要这样，我只需现在力求攻克最烦人的 LSAT 里的 reading comprehension，达到一分钟 150~180 词的阅读标准。

然而要这样，我只需现在好好加把劲，坚持完我的新东方 LSAT 班，虽然在今天（开始的第二天），就觉得那实在是太难的课，从早上 8 点上到下午 3 点，做 game 还好点，reading comprehension 确实不是能轻易攻克的。但最终还是要在六月份达到 4 篇又长又变态的学术论文阅读，只需每篇 8.5 min，27~29 题只错一个(天都知道这个不可能,但是还是要倒着想)。

然而要让自己得到那样一个结果，只需要在五月份的时候，4 篇每篇 9 min，错 1~2 个。

四月份，9.5~10 min 错 2~3 个。

三月份，12~15 min，错 3~5 个。

这样，只需要每天坚持至少学 6~8 个小时的英语。

24-8(睡觉)-8(上课)-2(吃饭,散步,打电话,吵架……)=6

其实正常的要求是每天 10 h。可是即便这样，1 个月 30 天，每天 10 h，最多也就学 300 h。然而，30 天里，还有 5 天，人会心情低落，想要休息，那就是 25 天，4 个月下来，也只能学 1000 h。

这感觉也挺幸福的。

然而要这样，就首先要我有一个好的、合理的生活习惯，每天好好睡觉，好好吃饭，好好学习，还要有个好心情。还要学好专业课，把 GPA 整得高高的。

20 年后的事很美好，哈哈，啦啦啦，这感觉挺幸福的。

看着一个貌似不可能完成的任务被这种逆向思维工程拆分下来，也变得可以实现了，这感觉也挺幸福的。

生活，挺好。O(∩_∩)O 哈哈 ~

2010年3月7日

时光的节日

再看到这篇文章的时候，我已经决定好了未来的路。看着当时写到JD的日志，还是不由得满心欢喜。我选择了另外一种生活，而当时对于JD这一梦想的希冀却真真实实地存在过。成长的路上就是有这么多的时刻，是要一次次摇摆不定，一次次重新肯定自己的，而这每一次，都不多余。

这就是城市，
这就是城市日复一日的故事
——电影《第36个故事》

我似乎也曾有过这样的梦想，为一成不变的无聊工作递上辞呈，开一家独属于自己的咖啡馆，精心地为客人准备甜点，享受来之不易的自由与安逸，听有故事的人讲故事，慢慢地回忆自己的生活，对着每一个人微笑。

电影中就是这样，主人公朵儿对生活充满热情，追求品质，目标是存钱，务实而忙碌。她辞掉工作，放弃艺术，选择自由。然而回应这份热情的却是咖啡馆的冷清，以及客人对她那些融在咖啡馆中的美好情怀和种种努力的忽视。妹妹蔷儿的性格中更多的是一种悠然的懒散，爱做白日梦，梦想是环游世界，随性而淡然。咖啡馆是姐姐的理想和生活，蔷儿只是迫于老妈的絮絮叨叨才留在咖啡馆中帮忙。

然而，很多时候，我们所做的决定，真的就是我们心之所想么？

电影中问到三个问题，而这三个问题，我在看前看后，答案是完全不同的。

你的汽车被撞坏了，作为修理费，你是愿意被赔钱还是愿意要一车的海芋？

如果你有足够的钱，你愿意选择读书还是环游世界？

在你心里，最有价值的事情是什么？

也许不同的人，就会有不同的答案。

可是，这个与众不同的咖啡馆，除了咖啡甜点有卖，其他的所有东西，都是以物易物。以物易物，不只是一个木马换一把吉他那么简单，原来的我，和蔷儿、朵儿一样，在心里，会有比较，会把大的礼物盒摆在小的礼物盒之上，会把自己认为重要的东西，摆在别人的快乐前。可是，自从电影里出现了一个人，他用自己的经历和回忆，以 35 块香皂为载体，讲了整整 35 个故事之后，我的心里也开始慢慢有了变化。

有一个画家，在几十层高的宾馆里醒来，站在落地窗前，突然发现城市里一个人都没有。于是，他突发奇想，用心地画下了一个女孩，并且小心地剪下来，让她随风飘到了街道上。于是，女孩开始一个人游走在街道上，一个人喝咖啡，一个人看风景。画家觉得她很孤单，于是又画了一个男孩，也让他飘在了风里，可是，他却飘向了另一个方向。也是一个人，孤独地喝着咖啡，一个人孤独地看着报纸。

这是《第 36 个故事》里面的第 35 个故事。也是我最喜欢的故事。

这是别人回忆里的故事，所以，就有了价值。人们常常问，这个东西对你来说，值多少？有的时候还会想不清楚而去问别人。其实，就像朵儿在听到“心理价值”这四个字的时候突然明白了一样，很多事情，自己的心就衡量得清楚，何须问别人呢。一把普通的吉他，因为它曾经有关于一段爱情或者婚姻的美好回忆，它就是不一样的。同样的，一间咖啡馆，如果承载了对生活的热情，那么所表现出来的种种格调，也会不一样吧。

那个讲故事的人，最后，也明白这故事是独属于他的回忆，于是就拿走了所有的香皂。而朵儿心里就未免有些失落了。是啊，听了别人讲那么多故事，其实她多希望，有一天，自己也能有故事讲给别人听啊。于是，她终于知道了自己想要什么，拿自己在咖啡店的股份，换了 35 座城市的机票，毅然决然地踏上了旅程，去寻找属于自己的故事。

故事起了变化，务实的朵儿开始了环游世界的梦想，爱做白日梦的蔷儿，开始想要存钱。一切都不是因为以物易物，而是心理价值。蔷儿最初想到的以物易物，就是为了给姐姐换来骨瓷，给自己换来一辆车。最后车换到了，可是她抱歉地对朵儿说，对不起啊，没有为你换到骨瓷。朵儿却笑着说，事情总会这样，不会照着你的意思走，在这个城市里，一定有人少了骨瓷，也一定有人多了骨瓷，一定有人多了沙发，也一定有人少了沙发，只是，还没找到彼此而已。

这就是城市，这就是城市日复一日的故事。

喧闹的人群中，有很多追逐梦想的人，也有很多被嘲笑的人。我现在知道，什么最重要，那就是心理价值。也许在我心里，帮隔壁的老爷爷刷刷油漆，就抵得过一车海芋了。并不是不羡慕这样的人生，很小资，很自由，很恬静。也许有一天我真的觉得奋斗到一定程度累了的时候，会选择自己开一家咖啡店，找到一个角落供我的心灵栖息和安静。我也会窝在一个大大的、软软的沙发上，在阳光落进来的时候，姿势慵懒地看着书，但，绝不会是现在吧。亦或许，这样的生活永远也不会出现在我的生命里。朋友们总觉得我对太多事太贪心，太不知足了。席慕容说过的，每个人总会有自己那个贪心的角落，有自己永远要做下去的白日梦。自从心理价值四个字住进我心里以后，我不禁要问自己了，我想要的，是不是就是这种结果呢？我想要把握住的，是不是就只是现在提笔一刻一种朦胧的欢喜或幸福，抑或是只为了你们的了解与珍惜？这一切都只能以心理价值作为衡量了。

现在的我到底是比较成熟了，原来听到环游世界之类的话，总是能激动不已，也曾狂热地梦想过一些小小的安逸的梦和懵懵懂懂的感觉。现在也终于明白，那都是倚仗心理价值，也许长大了，心理价值也会变。我不必为一些没能说出的话，或者没能做到的事觉得可惜。我想，也许人与人之间，有很多的音容笑貌，你记得，他却忘了，抑或是你不记得，却留在了很多不相干的人心里吧。但时间并不是白白地流动，那些该记住的，必定是烙在回忆里了，是值得收藏的。留下来的，就是会留下来，不管是永久还是一刹那，不管在我的或是其他人的心里。

人总是很矛盾，有两个我，一个是自我，喜欢安静平凡，喜欢白茶清欢，喜欢清清浅浅的小幸福；另一个是超我，喜欢突破挑战，喜欢争强好胜，喜欢轰轰烈烈地干大事。可是无论怎样，总是得选择一种。“黄色的树林里分出两条路，而我选择了人迹更少的一条，从此决定了我一生的道路。”而这一切，都是因为心理价值。

等有时间吧，我一定找一个喜欢的角落，按照自己喜欢的风格，开一间小咖啡屋。蓝色的书架上错错落落地摆满书，阳光透过落地窗洒进来，小屋显得温暖而慵懒；而我，极为用心地，小心翼翼地做一份甜点，为自己所有所有温馨甜蜜的回忆。这或许，就该是属于我的第 36 个故事了。

因为我幻想自由，而梦想，在我心里，又远远大过自由。

2010年8月25日

旅行，留下的不只是回忆

我是一个很少出行的人，不论是原来还是现在，去过的地方，屈指可数。

上了大学，旅行一词在我心里，才有了渐渐清晰的轮廓。我最好的朋友吼吧吧，是我见过的最勇敢最可爱的一个行者，我总是看到她分享各种各样的美景。于是我这个旅行白痴，也爱上了普罗旺斯、稻城亚丁、午夜阳光、灿烂星河。

于是我现在也总想故作文艺，嚷嚷着周围的人带我去看美景。这个假期，算是了了几个心愿。假期初始，我一路向北，领略到了美丽的东北风光；假期中期，我和妈妈一起带领着我的快乐之队，在青藏路上驰骋。去青海湖的路上，我不安分地站起来，把身体伸出天窗之外，我不在意那呼呼而过的风，只在意那路过的被我想急切录下来的美景。忽然眼眶就湿润了，我想写一篇游记，记录暑假这些小小的难忘的旅程。

我想，我没有梁启超的妙笔生花，也没有周作人乌篷船式的平淡温存，我写不出力透纸背的感悟，更达不到清新隽永的意境，有的只是说不出的惊叹感动，和蹩脚的只言片语。

高中时期死记硬背反复记下来的山河大地的地理地貌，只有清晰地出现在眼前，才能让我真正感受到他们的存在。

我想，若不是我有幸坐着大巴缓缓驶向长白山，我永远都不会看到，从阔叶林到针阔混交林到针叶林再到高山苔原带的变换；我想，若不是我绕着火山岩在云间穿梭向上，那么我永远不会感受到，那种与刺激相伴而生的惊叹；我想，若不是我登上长白山之巅，那么此生的多少个夜晚，我的梦里也永远不会出现天池那平静冷艳的外表下一颗蠢蠢欲动的滚烫的心的模样。当然，我也乘着游轮，几个小时慢悠悠地游荡在松花湖上，吃了全鱼宴，和亲爱的朋友们迎着小风胡侃几句。当然，我也和大家一起骑着单车，沿着净月潭和森林浴场，在下坡时快意地呼啸，在上坡时汗流浃背却笑容依旧。所以，现在我闭上眼，还是能想到那个清新的东北，仿佛就像一个美丽的梦，点点滴滴可以拼凑的回忆，让这场梦甜蜜而绵长。

我想，若不是天降大雨让我们的旅途目的地变得模糊不清，我也不会在真正站到了青海湖边的时候，有一种释然于胸的感动；我想，若不是青海湖那蔚蓝深远的景，我也断然会以为，自己此行的收获，只是见到了内陆第一咸水湖这一个虚妄的名号；我想，若不是汽车疾驰而过的时候映入眼帘的广袤草原和成片的油菜花，我也不会甘愿为它独受冷风肆虐。当然，我也经过了日月山，仿佛看到了当年文成公主摔碎镜子，回望长安时复杂的眼泪。当然，我也转过那经筒，不为超度，只为贴着那虔诚的温暖。所以，现在我回想起来，还是能感受得到那粗犷的美，那流传于时空中的美，那种独特信仰的美。

然而，遗憾也是有的。我只恨时间太短，来不及看遍这些山河倩影，细水长流；更没有时间想象，等到风景都看透的时候，能不能怀有一份欣喜的从容。

我已不知道该用什么样的语言来描述，那景，我爱。我看到了，记在了心里，却不能将它说出，于是我终于明白庄子所言“天地有大美而不言”。此间的一切，都需要自己去体会领悟。

假期快结束了，我急于将发生的这一切简单地记录下来，已来不及推敲文字，只是怕拖沓，会让时间的洪流冲淡我的情感。若最后，我只能记得那些惊叹，那些鬼斧神工、浑然天成的自然之美，而记不得到底经历过什么，就会怅然若失了。

仅以这些美好的温暖的记忆，支持我一步一个脚印地向前。

去奋斗吧，去旅行吧，趁我们还年轻。

诚如是。就像一句话说的，要么读书，要么旅行，身体和灵魂，总要有一个在路上。

2011年8月3日

时光的旁白

康·帕乌斯托夫斯基在《金蔷薇》中曾写：“旅途中总会碰到一些意想不到的事。谁也无法预料，什么时候会在远处出现陌生城市的塔影，什么时候在海天之际出现一艘艘随波起伏的大船的桅杆，同样也无法预料谁会用好似旅途中的铜铃一般清脆的嗓子，为你唱出一曲含苞欲放的爱情之歌。”像这样，还会不想去旅行么？

后记

夜已深了，雨还没有完全停下来，滴答滴答，不知困倦。明天，就是我大学生涯的最后一节课了，有些诧异，却也伴着更多不舍。记得初到校园的时候，我还在想，四年啊，整整四年，我就要在美丽的人大度过，这是生命中多么悠闲而绵长的时光，又是多么重要的一段时光。好像只是坐在百家廊的长凳上看云朵在天上跑，跑了很久都不肯走，就这样从清晨到黄昏，从春夏到秋冬，仅仅一眨眼，三年都已在我身后。

前两天结束的高考，依旧不可避免地引出我的些许情结。在我人生的时间轴上，总有这么些瞬间仿佛是刻意加重声响的音节，譬如高考，譬如这本书里零零碎碎的小品。仔细看看整理成册的文章，心中还是有小小的成就感。这种成就感并不来源于"出书"的过程，而是一种满足感，满足于我将自己前二十年的人生悉心整理，虽然不完美，但依旧特别。而这之后，我又将轻装上阵，再度出发。

在整理书稿的过程中，我时而欣喜，时而纠结。欣喜的是，这些文章零零总总加起来竟然也达到了一个可观的厚度，这是我在此之前完全没有想到的。纠结的是，我曾经的稚嫩写法，我所描写的生活琐事，我所仰望的理想之光，是不是能打动另一个人？我曾经一度想要改写原来文章中的某些句子，因为现在看来，那确实只是很普通很普通的文章，为什么当时老师会拿出来读给全班听呢？想着想着，我笑了。如果改了，岂不是对不住彼时的自己？这里有我从小学五年级跳到初中，在经历了不适应初中课堂、总是不知道什么时候交作业的窘境之后，在校报上发表的第一篇文章。这里有我高中最爱的语文课堂中，老师布置过的一个又一个充满想象力且温暖的题目。这里有我高三大大小小月考、全省模拟考卷上的考试作文。这里有我成长过程中无聊、郁闷、有感而发的时候写下的一篇篇随笔。将这些文章拼凑起来，就成了我温暖美好的生活。

在微博等"微文化"很流行的今天，似乎大家都渐渐忘了写出完完整整一篇文章的感受。也对，能够一两句话解决的，何必用上万语千言，况且有些话，只适合三言两语模糊带过，经不起深究。但我还是会很想念那一种感觉，摊开淡雅的信纸，清秀俊俏的字映入眼帘，于文中感受喜怒哀乐。我相信，有些感情，是值得一字一字深深凿在心里的；有些岁月，亦是需要一笔一画仔细描绘撰写的。正如一位我敬佩的老师所言，"好文章在孤灯下"。现在的人，三言两语急急忙忙地传递简讯，拉着行李箱忙碌奔波于机场车站，却再也找不回曾经心里的那份感觉。能不能停一停？只需要在经过一日疲劳奔波后，静坐在温柔的亮着的台灯前，独自提笔写下心中的感受种种。如此说来，我的文章便也意义非凡。

龙应台的《目送》中曾经提到"一件事情的毕业，永远是另一件事情的开启"。我想，我也会继续朝着梦想努力，在年轻的时候享受奋斗，以梦为马，诗书趁年华。只希望还能继续保持谦卑之心、感恩之心，要拥有伟大的思想，也要珍视微小的快乐，这便足够了。

最后，感谢爸爸妈妈提议并帮助我归纳这个文集，感谢汪国真老师为我题写书名，感谢王易老师为我写序，感谢所有为此而付出的叔叔阿姨们！

今倩

写于中国人民大学品园六楼235

2012年6月13日晚